98
human
therapy

**방치된 아이들을 위한
인지 지능 트레이닝 안내서**

정육면체를 그리지 못하는 아이들

미야구치 코지 지음
일본콘텐츠전문번역 팀 옮김

 베스트셀러《케이크를 자르지 못하는 아이들》
미야구치 코지 선생님의 후속작

이담북스

최근 '비인지 능력(non-cognitive skills)'이라는 단어를 자주 접할 수 있다. 흔히 '인지 능력'이란 지능 검사와 학력 등 점수를 매길 수 있는 능력, '비인지 능력'은 협조, 자신, 의욕, 인내, 자제, 공감 등 점수를 매길 수 없는 능력이라고 설명된다. 그래서 아이들에게 비인지 능력도 매우 중요하다. 인지 능력과 인지 기능을 비슷하다고 여겨 인지 기능만을 중시하는 것이 과연 맞느냐는 의견도 있다.

하지만, 인지 기능은 우리가 살아가는 데 꼭 필요한 요소다. 일례로 상대방의 기분을 파악할 때, 상대방의 표정을 읽고(시각인지) 어떤 기분인지를 상상하는 것(추론)이 바로 인지 기능이다. '이런 걸 하면 어떻게 될까?' 하고 상상하는 힘도 마찬가지다. 생활에 필요한 인지 기능은 서두에서 언급한 인지 능력과 다른 듯하다. 비인지 능력도 다시 살펴보자. 우리는 뜨거운 프라이팬을 만지면 재빨리 손을 뗀다. 이러한 반사 행동에는 인지 기능이 개입할 여지가 크지 않다. 하지만, 한번 프라이팬의 뜨거움을 체험하고 나면, 다음부터는 인지 기능을 사용해 프라이팬을 보면(시각인지) 만지지 말아야겠다고(판단) 생각한다.

즉, 생활 속에서 인지 기능을 사용하지 않는 경우는 거의 없는 셈이다.

또한, 일부러 '비인지 능력'이라는 말을 사용하지 않아도 협조성과 인내심이 중요하다는 사실은 예전부터 모두가 알고 있다. 그러므로 비인지 능력 뒤에는 인지 기능이 있다고 보는 게 가장 적절해 보인다. 다만 아직은 전문가마다 각자 다른 정의를 내리고 있어 아직 그 견해가 통일되지는 않았다.

한편 다양성(diversity)이라는 말도 자주 사용된다. 그 의미가 갖는 무게는 의심할 여지가 없다. 하지만, 인지 기능의 취약함을 다양성의 한 형태로 받아들여야 한다는 주장에는 위화감이 든다. 인지 기능을 '공부'로 바꾸어 생각해 보자. 만약에 학교 선생님이 어떤 학생에게 "공부를 못 하는 것도 다양성의 표출이다."라고 말했다면 어떨까? 학생 본인이나 보호자는 이 말을 있는 그대로 받아들일 수 있을까? 약점이나 미숙한 점이 개선될 가능성이 조금이라도 있다면 성장하거나 성장시켜 주고 싶고, 그 가능성에 걸어보고 싶다고 생각하는 일이 솔직한 심정 아닐까? 지원자 역시 자기 능력을 조금이라도 성장시킬 기회를 만나고 싶다고 생각할 것이다. 따라서 이 책은 인지 기능의 중요성을 밝히며, 인지 기능의 저하로 어려움을 겪는 아이들에게 초점을 맞춰 도움이 되는 훈련을 소개하고자 한다.

이 책은 2019년에 발간되어 호평을 받은 《케이크를 자르지 못하는 아이들》[1]의 실제 사례를 모아 소개한다. 발간된 지 4년이 넘은 전작은 '케이크를 삼등분 하지 못하는' 소년원 속 비행 청소년의 모습과 교육, 가족 관계를 살피며 중요하다고 생각한 점을 실었다. 이 책에서는 전작의 발간 이후 업데이트된 내용을 추가하고, 비행 청소년들을 대상으로 훈련을 하게 된

---

1 원서는 2019년에 발행되었다. 미야구치 코지(지음)·부윤아(옮김)·박찬선(감수), 《케이크를 자르지 못하는 아이들(ケーキの切れない非行少年たち)》, 인플루엔셜(주), 2020.

경위와 구체적인 내용, 학교 등 교육 기관에서의 실천 사례 보고, 아이들의 의욕과 관련된 중요 내용을 소개한다. 특히 인지 기능이 취약해 어려움을 겪는 아이들을 위해 전작의 내용 일부를 보다 실천적이고 구체적으로 다시 정리하였다.

이 책의 개요는 다음과 같다. 제1장에서는 '정육면체를 그리지 못하는 아이들'로 대표되는 '지원이 필요하다는 사실을 몰랐던 아이들'이 비행을 저지르는 현상, 제2장에서는 그러한 아이들에게 공통적으로 보이는 특징, 제3장에서는 소년원에 입소한 소년들이 훈련을 시작하기까지의 경위, 제4장에서는 훈련의 구체적인 내용과 아이들의 변화를 차례로 담았고, 제5장에서는 아이들의 의욕을 유지하기 위한 힌트를 제공한다. 워크시트의 구체적인 예시도 다수 기재하였다. 관심이 있는 장부터 먼저 읽어도 무방하다.

오늘날 발행되는 아동용 교재는 그 종류와 수가 다양하지만, 일부는 내용에 의문이 들 수 있다. 하지만, 교재 선택은 결국 지원자가 아이들의 학습 속도에 맞춰 어떻게 사용하는지에 따라 달라진다고 생각한다. 즉 교재는 아무리 많아도 부족하다고 본다. 이 책 또한 아이들의 '인지 훈련'[2] 지원 방법을 중심으로 서술하였으나, 이는 어디까지나 어려움을 겪는 아이들을 돕기 위한 도구 중 하나로서 참고하기를 바란다. 물론, '인지 훈련' 이외에도 아이들에게 더욱 적합한 것이 있다면 그쪽을 활용해도 좋다. 아무쪼록 이 책이 '인지 훈련'의 선전을 목적으로 만들어졌다고 여겨지지 않기를 바란다.

---

2 코구토레(コグトレ), cognitive training.

마지막으로 이 책은 요로 다케시 선생님과의 대담집인 《아이들이 걱정된다》[3]의 기획자인 PHP 연구소 비즈니스·교양 출판부의 니시무라 겐 씨로부터, 대담자 참석을 요청받았었던 인연을 계기로 세상의 빛을 보게 되었다. 니시무라 겐 씨는 기획 단계서부터 마지막까지 정성 어린 조언과 도움을 아끼지 않았다. 이 자리를 빌려 감사의 인사를 전하고자 한다.

리쓰메이칸 대학 교수 및 아동정신과 의사

미야구치 코지

---

3 국내 미발매. 養老 孟司(지음),《子どもが心配》, PHP研究所, 2022.

제3장 비행 청소년을 위한 훈련

제4장 어려움을 겪는 아이들을 위한 구체적인 지원

제5장 아이들의 의욕을 북돋아 주는 방법

일러두기

- 일본 교정시설에서는 '소년(少年)'을 성별 구분 없이 사용합니다. 이 책에서는 문맥에 따라 '소년'과 '아이(들)'로 옮겼습니다.

- 일본의 법적 명칭은 그대로 번역하며, 한국의 시스템에 대응하는 부분은 번역 자주를 달았습니다.

- 화폐 단위는 엔으로 표시하되, 한국 통화도 함께 표기하며, 환율은 100엔 =1,000원으로 적용했습니다.

- 원서의 범죄나 표현은 가능한 그대로 옮겼습니다.

제1장

정육면체를 그리지 못하는 아이들

"소년원에서 만난 아이들은 그동안 내가 알던 발달장애나 지적
장애 아동과는 전혀 달랐다. 그때까지 병원에서는 환자가 문제
라 여겼지만, 전혀 아니었다. 문제는 아이들의 이상을 주변에서
알아봐주지 못한 데 있다는 사실에 어안이 벙벙할 정도였다."

⬦ 정말 문제가 있는 아이들은 정신과 진료를 받지 않는다

나는 2016년부터 대학에서 임상심리학과 정신의학 등의 강의를 맡고 있다. 그 전에는 의료 소년원과 여자 소년원에서 일했고 지금도 비상근직으로 일하고 있다. 소년원은 일하기 시작한 지 벌써 14년 가까이 흘렀다. 소년원 근무 전에는 공립 정신과 병원에서 아동 정신의로 근무했었다.

보통, 어린 환자들은 누군가의 손에 이끌려 병원에 온다. 스스로 문제가 있다고 생각해 혼자 정신과를 방문하는 아이는 없다. 즉, 아이들은 보호자나 아동 복지 기관의 지원자가 데려와야지 진찰을 받을 수 있다는 뜻이다. 사실, 이렇게라도 방문할 수 있는 아이들은 이미 혜택을 받고 있는 셈이었다.

내가 소년원에서 만난 아이들은 자신에게 어떠한 장애가 있어 지원을 받아야 한다는 사실조차 몰라 방치되었다. 즉 아동 정신과와 같은 의료 기관과는 연이 없었다. 이들은 태어난 뒤에도, 그리고 학교에 입학하고 나서도 자신에게 도움이 필요하다는 사실을 알지 못했다. 그렇게 의료와 복지, 교육 등 지원 기관과 연을 맺지 못한 아이들의 일부는 엇나가게 된다. 가해자가 되어 피해자를 만들고 경찰에 체포되어 소년원이나 소년 감별소로 보내진다. 이곳에 들어와서야 이 아이에게 장애가 있고, 지원이 필요하다는 사실이 처음으로 밝혀진다. 그러한 현실과 아이들의 존재를 알게 된 나는 병원에서는 할 수 있는 일이 한정적이라는 사실을 깨달았다. 그래서 무엇을 해야 할지 고민한 끝에 병원을 그만두고 소년원에 가기로 결심했다.

소년원에서 만난 아이들은 그동안 내가 알던 발달장애나 지적 장애 아동과는 전혀 달랐다. 그때까지 병원에서는 환자가 문제라 여겼지만, 전혀 아니었다. 문제는 아이들의 이상을 주변에서 알아봐주지 못한 데 있다는 사실에 어안이 벙벙할 정도였다. 소년원에서 일하기 시작한 이후로, 이 아이들에게 어떻게 다가가고 어떤 도움을 주면 좋을지 고민하는 나날을 보내게 되었다.

◇ 소년원에서 정육면체를 그리지 못하는 아이들과 만나다

근무를 시작하자마자 당시 소년원에서 가장 다루기 어려워하던 소년의 진찰을 담당하게 되었다. 한 번 날뛰기 시작하면 아무도 말리지 못할 정도라 그 지역에서도 모두가 피할 만큼 흉폭하다는 소리를 듣고, 얼마나 무서운 소년이 올지 내심 긴장했었다. 하지만 진찰실에서 만난 소년은 의외로 얌전했다.

소년은 경도의 지적 장애였다. '네, 아니오'로만 대답했기 때문에 나는 기분을 전환할 겸 병원에서 일상적으로 실시하는 레이복합도형검사(Rey Complex Figure Test)를 해보았다(그림 1-1의 위쪽 참조). 1940년대 스위스의 심리학자인 안드레 레이가 처음 고안한 이 검사는 폴-알렉산더 오스테리스가 1944년에 표준화하였는데, 주로 치매나 두부 외상 환자의 인지 기능을 평가할 때 사용된다. 최근에는 아이들의 시각 인지와 계획 능력을 판단하는 검사로도 활용되기 시작했다.

소년에게 그림을 보고 따라 그리라고 했더니 다음과 같은 그림을 그렸다(그림 1-1 아래쪽 참조).

그림 1-1 그림 따라 그리기

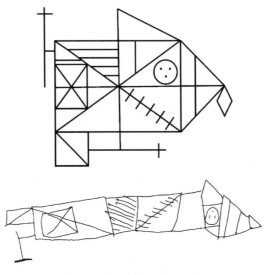

(소년의 그림을 저자가 재현함)

소년의 그림을 보고 무척 놀랐다. 소년이 '제시된 그림'을 보는 방식을 이해할 수 없었기 때문이다. 다른 사람들에게 보여주니 "따라 그리는 걸 못 하나 보지." 하고 가볍게 이야기했다. 그러나, 이는 누가 봐도 쉽게 판단할 수 없는 문제이다. 내가 보여준 그림이 이상하게 보였다면 세상 모든 사물이 일그러져 보일 가능성이 있다. 이 정도로 보는 능력이 취약하다면 듣는 능력도 마찬가지라고 추측할 수 있다. 소년에게 전하고자 하는 말이 제대로 전달되지 않을지도 모른다.

혹시 소년들은 보거나 듣는 능력이 떨어지기에 비행을 저지르는 건 아니었을까? 이들을 갱생시키려면 이러한 점도 다뤄야 한다는 생각이 들었다. 이는 후술할 비행 청소년을 위한 훈련을 개발하는 계기가 되었다.

그림 1-2 정육면체 따라 그리기

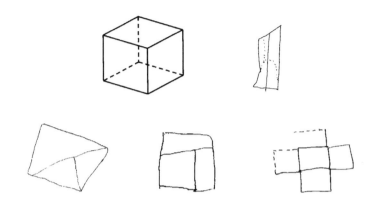

(소년의 그림을 저자가 재현함)

따라 그리는 능력이 떨어지는 소년들은 정말 많았다. 그림 1-2는 소년들이 정육면체를 따라 그린 것이다. 정육면체 따라 그리기는 보통 약 7~9세에 익히는 문제로 초등학교 저학년이라면 조금 더 상황을 지켜봐도 무방하다. 하지만, 초등학교 고학년이라면 어떠한 지원이 필요한 상태로 볼 수 있다.

소년원에서 삐뚤빼뚤한 그림을 그린 건 중고등학생들이었다. 심지어 이들은 살인과 상해, 강간, 방화와 같은 다양한 흉악 범죄를 저질렀다. 그러한 소년들이 내 눈앞에서 그림 1-2와 같은 정육면체를 그린 것이다. 이 소년들에게, 피해자의 기분을 이해시키거나 범죄를 반성시키려고 하는 기존의 교정 교육은 얼마나 효과가 있을까? 이해한다는 듯 고개를 끄덕이고 있지만 사실은 한쪽으로 듣고 한쪽으로 흘려버렸을 수 있다. 물론 역사가 깊은 기존의 교정 교육을 부정할 마음은 없다. 그러면서도 기존 교정 교육이 성립하려면 소년들이 정육면체를 확실하게 그릴 수 있게 되는 것부터 시작해야 한다는 생각이 들었다.

⬡ 학습보다 오해부터 쌓는 아이들

우리는 오감을 통해 획득한 다양한 정보를 바탕으로 계획을 세우고 행동으로 옮긴다. 인지 기능은 이러한 일련의 흐름 속에서 중요한 역할을 담당한다. 인지 기능은 전문 분야에 따라 그 뜻이 다른데 여기서는 간단하게 보거나 듣거나 보이지 않는 것을 상상하는 능력이라고 정의하고자 한다.

만일 이 인지 능력이 떨어지면 충분하지 않은 정보를 바탕으로 생각하거나 느끼게 된다. 따라서 잘못된 생각이나 감각 때문에 편협한 방향으로 나갈 수 있다. 이처럼 편협한 생각이나 감정으로 계획을 세우고 실행하면 그 결과는 더 부적절한 방향으로 쏠리게 된다. 상대는 그냥 쳐다봤을 뿐인데 째려봤다며 생트집을 잡는 모습이 그 전형적인 예다.

일반적으로 사회 심리학적에서는 부적절한 생각이나 감정을 바로잡아 올바른 행동으로 이끌려고 하는데, 대표적으로 인지 행동 치료 등을 들 수 있다. 예컨대 슬픈 상황에서 혼자 웃거나 다른 생각을 하고 있다면 그 느낌과 생각이 올바른지 의심하며 수정해 간다. 이러한 접근법은 무척 중요하다. 그런데 보는 능력이나 듣는 능력이 떨어져 정보 자체를 이해하지 못하거나 편협하게 받아들인다면, 느낌과 생각을 아무리 수정해주어도 좀처럼 효과를 보기 어려울 것이다. 여기서 의문이 들었다. 실제로 예전부터 교정 시설에서 해왔던 다양한 프로그램은 비행 청소년들에게는 난해하고 이해하기 어려워 교육이 효과를 보지 못 하는 일이 부지기수였다.

사회 심리적인 접근법이나 교정 프로그램이 전혀 효과가 없다는 주장은 아니다. 오히려 나는 꼭 필요하다고 생각한다. 다만, 그 효과를 증대시키기 위해서는 이러한 프로그램과 더불어 정보를 받아들일 때 필요한 인지 기능의 힘을 더욱 확실히 익혀야 한다고 본다.

◈ 자신의 상태를 모르는 아이들

이번에는 학교의 교육 지원 제도를 살펴보자. 그림 1-3(20쪽)에서 가로축은 발달장애의 경향, 세로축은 IQ를 가리킨다. 지적 장애[①]나 발달장애[②] 진단을 받으면 지원의 대상이 되고 각 학교에 설치된 특수학급에 들어가거나 유치부, 초등부, 중등부, 고등부가 있는 특수학교에 입학한다.

그러나, IQ가 70에서 85 사이인 경계선 지능[③]에 속해 있어 발달장애의 경향도 심하지 않고 지적 장애라고 진단받지 않는 아이들은 지원에서 배제된다. 즉, 지금의 교육 현장에서는 경계선 지능을 지원 대상에 포함시키지 않는다. 별다른 지원 없어도 일상적인 생활은 보낼 수 있으니 학교 측도 대부분 알아차리지 못한다. 공부 또한 초등학교 때는 뒤처지면 뒤처지는 대로 그럭저럭 따라온다. 선생님은 신경이 쓰이기는 해도 아이가 공부를 별로 좋아하지 않는다거나 집에서 공부하는 습관을 가르칠 필요가 있다고만 생각할 수 있다. 명명백백한 장애가 아니므로 특수교육을 받을 필요성을 못 느끼는 것이다.

그림 1-3 경계선 지능이란

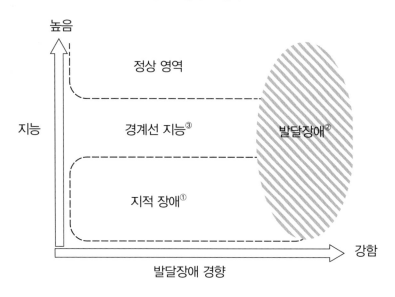

그나마 학생일 때는 선생님이 알아차릴 가능성이 있지만, 사회인이 되면 그럴 기회가 없다. 애초에 경계선 지능이 무엇인지 아는 고용자가 드물다. 만일 안다고 해도 배려의 대상으로 생각하지 않아서 일반적인 피고용자와 같은 업무를 부여할 가능성이 있다. 그러니 일을 기대한 만큼 제대로 해낼리가 없다. 경계선 지능 당사자 또한 자신이 평범하다고 생각하므로 쉽게도움을 요청하지 않는다. 나아가 회사에서의 대인관계까지도 원만하지 않다면 여러 회사를 전전하거나 집에만 틀어박히게 된다. 경제적인 어려움은 당연지사다.

또한, 경계선 지능은 그렇지 않은 사람에 비해 아무래도 이용당하거나 속기 쉬우므로 범죄에 연루될 위험이 높다. 최악의 경우, 교도소에 수감될 수도 있다. 그렇다고 해서 경계선 지능을 가진 사람이 반드시 범죄자가 된다는 뜻은 아니다. 지적 장애를 포함해 경계선 지능은 주변에 휩쓸리거나 이용당하거나, 또는 착취당할 위험이 크다는 뜻이다.

　실제로 일본에서는 교도소에 수감된 사람 중 경도의 지적 장애나 경계선 장애를 앓는 사람들이 상당한 비율을 차지한다고 한다. 조사 방법에 따라 다르겠지만 약 40% 정도로 추정된다. 일반적으로 경계선 지능과 지적 장애에 해당하는 인구 비율이 약 16%라고 하니, 상당히 높은 수치다. 다시 한번 말하지만, 경계선 지능의 사람들이라서 교도소에 들어가는 게 아니라 그곳의 수감자들을 조사했더니 그러한 사람들이 많았다는 뜻이니 오해 없길 바란다.

　앞으로의 미래를 위해서는 이들이 안고 있는 문제를 어릴 때 얼마만큼 발견하고 지원할 수 있느냐가 무척 중요하다. 이러한 아이들은 학교만이 구할 수 있다. 따라서, 경계선에 위태롭게 선 아이를 발견하는 것은 매일 아이들과 만나는 학교 선생님들의 중대 사명이라 할 수 있다.

⬡ 일본은 1,700만 명, 한국은 약 700만 명

　우선 경계선 지능의 역사적 배경을 설명하고자 한다. 지적 장애는 정신질환 진단 및 통계 편람의 제5 개정판(DSM-5)를 바탕으로 진단하는데, 지자체에 따라서는 장애 수첩[4] 발급용 진단서에 세계보건기구(WHO)가 만든 국제질병분류(ICD)를 사용하기도 한다.

　최신 DSM-5에는 IQ의 구분이 사라졌지만, ICD에서는 IQ가 70 미만

4　한국의 복지카드에 해당하는 일본의 장애 증명서

(자치체에 따라서는 75 미만인 곳도 있다)이고 사회 적응도에 장애가 있다면 지적 장애로 진단한다. IQ가 70~85의 영역(IQ값은 평균이 100일 때 표준 편차(Standard Deviation, SD)를 15로 설정한다. IQ값이 100일 때 -1SD~-2SD 사이)은 경계선 지능으로 본다. 일본에서 경계선 지능에 해당하는 사람은 전체 인구의 약 14%를 차지한다고 하니 한 반에 35명이 있다면 약 5명 정도가 경계선 지능인 셈이다.[5]

ICD는 정기적으로 개정이 이뤄지고 있다. 1965년부터 1974년까지 약 10년간 사용되었던 제8 개정판(ICD-8)에서는 70~84 사이의 IQ를 '경계선 지적 지능(borderline mental retardation)'으로 정의했다. 오늘날 말하는 지적 장애가 여기에 해당한다. 즉, 이 10년 동안은 경계선 지능이 지적 장애에 포함되어 있었다. 경계선 지능은 지적 장애를 가진 사람과 마찬가지로 이 사회에서 활동하는 것이 힘들다는 뜻이다. 실제로 미국 지적 장애 및 발달장애협회가 발행한 정의 매뉴얼(제11 개정판)을 보면 IQ가 70~75를 약간 밑도는 경도 지적 장애와 70~75를 약간 웃도는 사람, 즉 경계선 지능은 공통점이 많다고 기록되어 있다. IQ를 70까지 조정한 이유는 이 공통되는 부분에 해당되는 사람이 너무 많아 여러 불편함이 발생했기 때문이라고 본다. 오늘날 일본 인구 중에는 14%에 해당하는 약 1,700만 명 이상의 경계선 지능이 지적 장애에 해당한다. 이렇게나 많은 인원을 지적 장애인으로 관리하기 위해 비용과 인력을 투입하는 일은 현실적으로 불가능하다.

그러나, 여기서 한 번 생각해보자. 기준값이 내려갔다고 해서 이 사람들이 지적 장애인이 아닌 건 아니다. 그들의 어려움은 여전하다. 따라서 이들

---

5 한국에서는 전체 인구의 약 13.6%가 경계선 지능인 점을 고려하면 약 700만 명으로 추정된다. 출처:국회 입법조사처, 〈경계선 지능인의 현황과 향후 과제〉,《이슈와 논점》제2109호, 2023.

은 장애를 인정받지도 못하고 그대로 잊혀졌다. 1999년에는 미국 대통령 직속 정신지체 위원회(PCMR)에서 〈잊혀진 세대(The Forgotten Generation)〉라는 보고서를 작성하기도 했다.

◈ 지적 장애인도 알아차리지 못한다

기준 IQ를 70 미만으로 잡으면 이들의 어려움을 알아차릴 수 있을까? 지적 장애인은 지적 장애로 진단받으면 당연히 지원을 받을 수 있다. 그러나, 지적 장애라 하더라도 알아차리지 못하는 경우가 많다. 지적 장애의 비율은 약 전체의 2% 정도로 여겨지는데, 일본 내각부의 『장애인 백서障害者白書』(2021년판)에 따르면 지적 장애인은 109만 명, 즉 0.87%였다. 절반 이상이 인정받지 못한 것이다.

한편, 2013년에 발표한 『장애인 백서』에서는 54.7만 명이었다. 8년 사이에 약 55만 명이 증가한 셈이다. 이는 지적 장애에 대한 인지도 상승과 함께 치료 교육 수첩 취득자가 증가한 결과라 할 수 있다. 하지만 여전히 자신이 지적 장애인지 모르는 사람들이 많다는 사실에는 변함이 없다.

지적 장애인이 관련된 사건 중에는 2003년 시가현의 모 병원에서 일어난 사망 사건이 가장 인상 깊다. 입원 중이던 식물인간 상태의 남성 환자(당시 72세)가 사망했는데, 시가현 경찰은 당직 간호사가 인공호흡기 튜브가 빠졌을 때 울리는 알람 소리를 듣지 못해 환자가 질식사했다고 보고 과실치사 사건으로 수사하였다.

사건으로부터 1년이 넘게 지나, 임의 수사를 받은 전 간호조무사 A 씨가

"직장 내 처우에 불만을 품고 호흡기 튜브를 뺐다."고 고백하면서 세상이 발칵 뒤집혔다. A 씨는 곧바로 체포되었고 살인죄로 징역 12년이 확정되었다. 하지만, 복역하자마자 돌연 A 씨는 옥중에서 자신의 억울함을 옥중에서 계속 호소했고, 출소 후인 2020년 재심에서 무죄를 확정받았다.

A 씨는 왜 허위 자백을 했을까? 수사 중이던 형사를 '상냥한 남자'라고 착각해 호의를 품었기 때문이다. 죄를 인정하면 그 형사가 자신을 좋아해 주리라는 생각에 거짓말을 한 것이다. A 씨는 훗날 경도의 지적 장애와 발달장애가 의심된다는 진단을 받았다. A 씨의 변호인단은 복역 중이던 그녀를 수차례 면회하면서 정신 감정을 실시한 다음에야 겨우 경도 지적 장애라는 사실을 알게 되었다. 그때까지 A 씨에게 장애가 있다는 사실은 아무도 몰랐다. A 씨는 우등생인 두 오빠에게 늘 열등감을 느끼면서 살아왔다고 한다. 이러한 그녀에게 거짓말은 친구와 주변 사람들과 잘 지낼 수 있고, 살아가기 위한 수단이 아니었을까.

A 씨의 억울한 옥살이는 당연히 심각한 문제다. 다만 한편으로 초·중학교 때 A 씨의 지적 장애를 발견하지 못했다는 사실 역시 큰 문제라고 생각한다. 보도에 따르면, A 씨의 중학교 시절 담임선생님은 지적 장애를 알아채지 못했다며 후회했다고 한다.

지적 장애가 있을 가능성을 발견하지 못해 일어난 사건은 또 있다. 2019년, 취준생이던 여대생 B 씨는 하네다 공항의 화장실에서 여아를 출산한 뒤 살해해 살인과 사체유기의 혐의로 체포되었다. B 씨는 자신이 취업활동에 나서자 무척 기뻐하며 응원하는 부모님을 보고 관계를 망치고 싶지 않다는 생각에 임신 사실을 털어놓지 못했다.

공판 전 실시한 검사에서 B 씨는 IQ 74 정도의 경계선 지능 판정을 받았다. 그러나, 재판부는 '지적 능력은 낮다고는 하나, 정상 범주 안에 있다. (중략) 경력, 학교 성적 등을 봐도 지적 능력이 크게 문제가 되지는 않는다' 며 완전한 책임 능력을 갖추었다고 보고 징역 5년의 실형을 선고했다. IQ 가 70이 넘는다는 사실을 근거로 한 정신 감정 결과가 실형의 근거가 된 것이다.

그러나, 여기서부터가 큰 문제다. 사실 일본은 지자체마다 이 지적 장애 와 경계선 지능을 나누는 기준이 다르다. 예를 들어 도쿄도 복지 보건국의 기준에 따르면 경도 지적 장애는 대략 IQ 50~75로 설정되어 있으므로 IQ 74는 충분히 경도 지적 장애로 분류될 수 있다. 만일 정신 감정에서 경도 지적 장애 판정을 받았다면 정상참작이 되었을 수도 있고 사회가 사건을 받아들이는 방법이나 피고인의 인생 또한 바뀌었을 수도 있다.

보도에 따르면, B 씨는 초등학교 시절부터 수업을 따라가지 못했고 취업 활동 중에는 기업에 제출하는 지원서의 질문을 이해하지 못해 공란으로 남 겨둔 부분이 눈에 띄었다고 한다. B 씨의 모친은 이러한 상황을 눈치채지 못하고 어릴 때부터 혼내기만 했다며 자신의 자녀가 얼마나 괴로웠을지 전 혀 알아주지 못했다고 울면서 증언했다.

B 씨는 임신으로 배가 불러도 아무에게도 털어놓지 못한 채 두려움에 떨 다가 아이를 출산했다고 했다. 이는 지적 장애 증상으로도 충분히 설명할 수 있다. 지적 장애는 어떠한 일이 갑작스럽게 발생하게 되면 공황 상태에 빠져 뒷일을 충분히 생각하지 못하고 임기응변으로 일을 처리해버리고 만다.

이러한 사건을 통해 경계선 지능도 경도 지적 장애도 좀처럼 알아차리 기 어렵다는 사실을 알 수 있다. IQ가 72, 73, 74와 같이 70을 살짝 넘겼다는 이유로 지적 장애 진단을 받지 못하기도 한다. 지능 검사는 검사날 당사자의 컨디션에 따라 달라지기도 하고 오차도 있다.

B 씨의 사례는 IQ가 낮기는 하지만 정상 범위 안에 있으니 큰 문제는 없다고 판단했고, 어머니의 훈육 또한 임신한 상황을 상담하지 못할 정도는 아니었다고 간주한 경우였다.

⬡ 지금도 교실에는 자신의 지적 장애를 모르는 아이들이 있다

나는 지금 모 시(市)에서 교육 상담을 담당하고 있다. 성적이 나빠서 보호자의 손에 끌려오는 아이들 대부분은 경계선 지능이다. 이 아이들에게는 특히 초등학교 2학년이 되면서 주위 아이들에 비해 공부를 따라가지 못하거나 숙제를 오래 하거나 준비물을 자주 잊어버리는 등 걱정거리가 계속 생겨난다.

상담에서는 지적 검사와 학력 부진의 원인을 알아보는 인지 훈련의 평가 기능(제4장에서 소개) 등을 이용해 그 아이의 발달 정도를 3회로 나누어 조사한다.[6] 상담을 통해 원인이 밝혀지면 보호자 대부분은 자녀의 상태를 이해하고 그동안의 방법이 잘못되었다는 사실을 깨닫는다. 그러고 나면 앞으로의 지원 방침을 설명하는 수순으로 나아갈 수 있다.

때로는 IQ가 70 이하인 지적 장애라는 사실이 밝혀지기도 한다. 어느 부모는 초등학교 6학년이 된 자녀가 수업 내용을 거의 이해하지 못하고 있으니 중학생이 되기 전에 한 번 검사받는 편이 좋을 것 같다는 선생님의 안내

---

6 여기서의 평가란 객관적인 조사와 분석을 가리킨다.

에 따라 상담실을 찾았다. 검사 결과, 아이는 확실한 경도 지적 장애였다. 하지만 그동안은 선생님조차 눈치채지 못했기에 계속 일반 학급에서 수업을 받고 있었던 것이다.

지적 장애에 대한 인식 정도가 낮은 지역은 결코 아니었다. 오히려 복지와 교육이 발달된 곳이어서 아이를 기르고자 하는 부모들이 몰려들었다. 그러한 곳에서조차도 경도의 지적 장애를 제대로 파악하지 못하는 것이 현실이다.

우선은 현장에서 학교 선생님이 아이의 문제를 알아차려야 하지만 쉽지만은 않다. 경계선 지능은 대부분 발견되지 못한다고 봐도 무방하다. 이러한 아이들의 특징을 다음 장에 정리하였다. 아이들의 특징을 파악함으로써 주위에 어려움을 겪는 아이를 혹시나 하는 마음으로 살펴볼 수 있는 계기가 되었으면 한다.

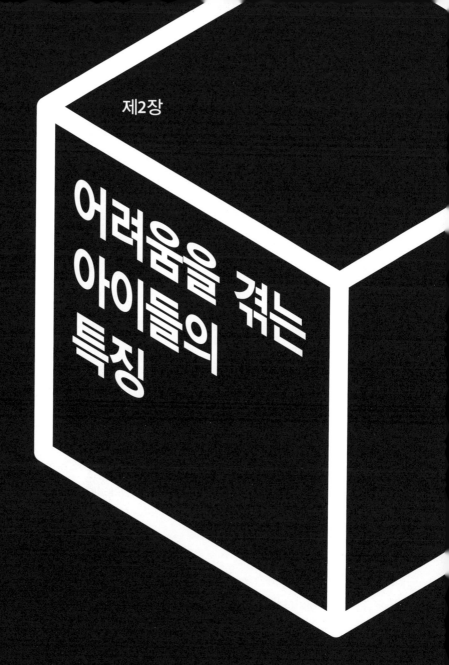

제2장

어려움을 겪는 아이들의 특징

"놀랍게도 80% 이상의 소년들이 본인은 착한 사람이라고 대답했다. 이들은 절도나 상해처럼 다른 사람에게 큰 피해를 입히는 범죄를 저질렀다. 개중에는 살인까지 저지른 소년도 있었다. 그런데도 '자신은 착하다'라고 대답한 것이다. 그래서 자기 평가에 어려움이 있다는 사실을 깨달을 수 있었다.
이는 심각한 문제이다. 자신을 착하고 좋은 사람이라고 여기면 자기 자신을 바꾸려 하지 않기 때문이다."

◇ 어려움을 겪는 아이들의 여섯 가지 특징

이번 장에서는 어려움을 겪는 아이들의 특징을 소개한다. 나는 이제껏 아동·사춘기 정신과, 의료 소년원[7]에서 소년들을 진찰하면서 그들에게 공통되는 특징이 있다는 사실을 알게 되었다. 그래서 어려움을 겪는 아이들의 다섯 가지 특징에 한 가지를 더 추가해 여섯 가지로 정리했다. 이는 앞 장에서 다룬 발견하지 못한 지적 장애, 경도 지적 장애의 특징에도 해당한다.

특징 ① 인지 기능이 취약하다: 보는 힘, 듣는 힘, 상상하는 힘이 부족하다
특징 ② 감정 통제에 취약하다: 감정 통제가 어렵다. 다른 사람의 기분을 이해하지 못한다
특징 ③ 융통성이 없다: 떠오르는 대로 행동한다. 문제가 생겼을 때 해결책이 거의 떠오르지 않는다
특징 ④ 자기 평가가 부적절하다: 자기는 문제가 없다고 생각한다
특징 ⑤ 대인관계를 어려워한다: 다른 사람과 제대로 커뮤니케이션을 하지 못한다
특징 ⑥ 신체 능력이 떨어진다: 몸을 제대로 쓰지 못한다. 힘의 정도를 가늠할 수 없다

여섯 번째인 신체 능력을 추가한 이유는 어렸을 때부터 운동이나 스포츠를 했다고 하더라도, 따라가지 못하는 이유가 꼭 신체 능력이 부족하기 때문은 아니기 때문이다.
각각의 내용을 순서대로 설명한다.

---

7 한국의 의료재활소년원에 해당한다. 현재 대전소년원에서 의료재활교육을 시행하고 있다.

1 인지 기능이 취약하다

◇ 보는 힘, 듣는 힘, 상상하는 힘이 부족하다

*보는 힘이 부족하다 주위를 보고 상황을 판단해 적절히 행동하지 못하는 아이가 있다. 그래서, 선생님이 모두에게 주의를 주었어도 나에게만 뭐라 했다고 생각하거나 나만 손해보고 있다는 느낌을 받는다. 이런 아이는 보는 힘이 약하다.

봐야 할 대상을 확실히 보고 있지 않거나, 보고 있지만 다양한 시각 정보를 종합적으로 판단해 그 속에서 공통점이나 차이점 등을 발견하지 못할 수도 있다. 그러면 주위를 보고 적절한 행동을 하지 못하게 되고 주변의 분위기를 파악하지 못하는 것처럼 보이는 일이 많다.

또한, 글자를 제대로 익히려면 선이 어떻게 교차하고 있는지 어떤 순서로 써야 하는지와 같은 것을 눈으로 파악해 외워서 쓸 수 있어야 한다. 보는 힘이 떨어지면 글자와 도형을 제대로 따라 그릴 수 없다.

*듣는 힘이 부족하다 몇 번이나 말로 설명해도 좀처럼 이해하지 못하고 지시대로 움직이지 못하며 전달 사항을 금세 잊는 아이들이 있다. 나아가, 제대로 이해하지 못했어도 일단 알겠다고 대답한다. 정말로 이해했는지 확인해 보면 그렇지 않기도 하다. 이러한 아이들은 듣는 힘이 떨어진다.

듣는 힘이 부족하면 인지 기능 중 지각하는 힘과 언어를 이해하는 힘 또한 부족할 수 있다. 또한, 들은 대로 움직이려면 뇌 속의 작업 기억(working memory)[8]이 올바르게 기능해야 한다. 언어성 작업 기억의 기능이 떨어지면 지시를 들어도 금세 잊어버리고 그에 따라 움직이지 않게 되는 상태가 된다. 선생님의 말도 제대로 알아듣기 어려워진다.

***상상하는 힘이 부족하다** 아이가 목표를 정하지 못해 어떤 일이든 열심히 하지 못하는 이유는 상상하는 힘이 부족하기 때문이다. '상상하는 힘'은 크게는 다른 사람의 기분을 헤아릴 때 쓸 수도 있지만, 작게는 시간의 개념을 익힐 때 사용한다. 시계를 봐도 시간 그 자체를 읽어낼 수는 없으니 개념으로써 인식해 상상하는 수밖에 없다.

시간의 개념이 없으면 어제, 오늘, 내일로 이어지는 사흘 정도의 범위에서만 사건의 흐름을 상상하게 된다. 다음 주가 시험이니 열심히 해야겠다거나 한 달 후에 시합이 있으니 열심히 해야겠다는 식의 장래 목표를 세우고 그것을 위해 열심히 준비한다는 생각을 하지 못한다.

노력하는 일이 어려워지면 비행을 저지르기도 한다. 본인이 노력하지 않는다면 다른 이의 노력도 좀처럼 이해하기 어렵기 때문이다. 결국 누군가가 노력하고 고생해서 손에 넣은 것을 훔쳐도 죄책감을 느끼지 못한다.

원동기 장치 자전거의 가격은 대개 15~20만 엔(약 150~200만 원) 정도다. 아르바이트로 자전거값을 모으기란 쉽지 않다. 노력한 적이 없는 소년은 아르바이트로 돈을 모으는 일이 얼마나 힘든지 상상할 수 없다. 그래서 다른 사람이 열심히 일해서 산 자전거를 쉽게 훔치고 만다. 물론, 자전거를 도둑맞은 피해자의 기분도 상상하지 못한다.

---

8 일시적으로 정보를 기억하고 처리하는 능력.

⬡ 인지 기능이 취약한 아이들

실제로 취약한 인지 기능을 가졌을 가능성을 보이는 아이들의 예를 몇 가지 소개하고자 한다.

*따라 그리지 못하는 아이 그림 2-1은 곧 초등학교 2학년이 되는 아이가 그린 인지 증진 훈련(인지 훈련)의 점 잇기 문제다. 이 아이는 글씨를 제대로 읽고 쓰지 못하고 문장을 읽지 못하며 글자도 대부분 외우지 못한다는 담임선생님의 보고가 있었다. 확실한 형태의 특징을 파악하는 힘이 부족한 듯했다.

*케이크를 자르지 못하는 아이 그림 2-2는 '동그란 케이크가 있다. 셋 혹은 다섯이서 공평하게 나누어 먹으려면 어떻게 잘라야 할까?'라는 문제

2-1 따라 그리지 못하는 아이　　　　2-2 케이크를 자르지 못하는 아이

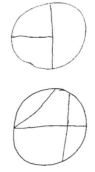

출처: 『인지 훈련, 보기 · 듣기 · 상상하기를 위한 인지 증진 훈련コグトレ みる・きく・創造するための 認知機能強化トレーニング』(미와쇼텐, 일부 변형)

(소년의 그림을 저자가 재현함)

다. 그림 2-2의 그림은 중학생 정도의 아이가 그린 것이다. 이 아이는 분수의 개념도 이해하지 못하고 있었다.

*개수를 세지 못하는 아이 그림 2-3도 인지 증진 훈련(인지 훈련)의 암호 찾기 문제다. 50개 정도의 삼각형에 체크하면서 그 수를 세는 문제인데, 이 아이는 삼각형을 빠뜨리거나 잘못 체크하는 일이 많았다. 참고로, 이 아이는 초등학교 6학년이다. 세는 힘과 더불어 주의력 부족도 염려된다.

그림 2-3 개수를 세지 못하는 아이

△의 수를 세면서 되도록 빨리 △ 부분에 체크(√)하세요.

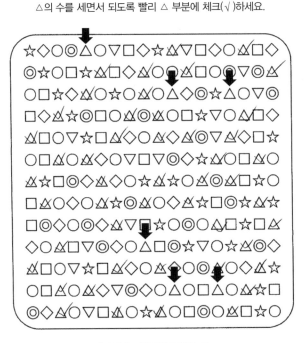

⬇ 표시는 체크하지 않은 곳

출처: 『인지 훈련, 보기 · 듣기 · 상상하기를 위한 인지 증진 훈련コグトレ みる・きく・創造 するための認知機能強化トレーニング』(미와쇼텐, 일부 변형)

*자화상을 그리는 게 서툰 소년 그림 2-4는 14세 소년이 그린 자화상이다. 이 소년은 상해 사건을 일으켜 소년원에 들어왔다. 심리적 왜곡 때문에 자기 자신을 일그러지게 보기도 하지만, 이와 더불어 인지 기능에도 문제가 있는 듯했다. 그는 자신의 모습을 제대로 보고 그 특징을 파악하지 못했다(제4장에서 인지 기능에 대한 개입으로 이 아이가 어떻게 변했는지 소개하겠다).

그림 2-4 자화상을 그리는 게 서툰 소년

출처: 『인지 훈련, 보기·듣기·상상하기를 위한 인지 증진 훈련コグトレ みる・きく・創造するための認知機能強化トレーニング』(미와쇼텐, 일부 변형)

*윌리엄스 증후군·다운증후군 그림 2-5는 특수한 예다. 둘 다 염색체 이상을 가진 경도 지적 장애인이 그린 그림이다. 그림 2-5의 위에 있는 그림을 보여주고 외운 대로 그리게 했다. 보여준 그림은 영문자 M이 모여 A라는 형태를 만들고 있다.

이 그림을 보는 방식은 크게 달랐다. 윌리엄스 증후군인 사람의 경우 작은 M자는 인식했지만, A의 형태는 인식하지 못했다. 반면 다운증후군인 사람의 경우, A라는 글자는 인식했지만 작은 M자는 알아차리지 못했다.

보는 방법이 이렇게나 다르다는 사실은 우리가 아이들에게 같은 그림을 보여주어도 전혀 다르게 받아들일 가능성이 있다는 것을 나타내는 귀중한 자료다. 이러한 점에서도 지도할 때는 아이들이 이해하기 쉽게 전달할 필요가 있다고 할 수 있다.

그림 2-5 윌리엄스 증후군 · 다운증후군

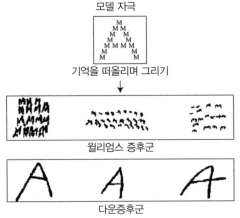

출처: 『지적 장애 아동의 심리학知的障害児の心理学』(다켄출판)

*예측하는 힘이 취약한 아이 지금 하는 일이 어떤 결과를 불러올지 생각하지 못하는 아이가 있다. 이러한 아이는 앞으로 일어날 일을 예상하는 힘(상상하는 힘)이 부족할 가능성이 있다. 한번은 SNS에서 지적 장애가 있는 한 학생이 회사 면접을 보러 가기 전에 점심으로 매운 라멘을 먹었다는 이야기를 본 적이 있다. 매운 라멘은 보통 중요한 면접을 앞두고는 피하는 메뉴다. 먹으면 배가 아플 지도 모르기 때문이다. 그러나, 뒷일을 생각하는 힘이 떨어지면 눈앞의 일만 바라보게 된다.

비행 청소년 중에도 도둑질했을 때의 결과는 생각하지 못한 채 단지 갖고 싶다는 이유만으로 물건을 훔치는 아이들이 많았다. 이 또한 취약한 상상력과 관련된다.

◈ 인지 기능과 학습은 어떻게 연결될까

이번에는 문제를 풀 때 각 인지 기능이 어떻게 작용하는지, 인지 기능과 학습과의 관계 예시를 통해 생각해보기로 하자. 여기서는 인지 기능을 기억, 지각, 주의, 언어 이해, 판단·추론 등 조금 더 자세히 나누고 이러한 요소가 포함된 지적 기능으로 정의한다.

수업 중에 선생님이 말로 다음과 같은 문제를 냈다고 하자.

"A는 열 개의 사탕을 가지고 있습니다. 그중 네 개를 주었습니다. 지금 A는 사탕을 몇 개 가지고 있을까요?"

우선 선생님의 말에 '주의'를 기울여야 한다. 공책에 낙서라도 하고 있다면 문제를 내는 것 자체를 알아차리지 못한다. 그리고 선생님의 말에 주의를 기울였다 하더라도, 확실하게 들어 선생님이 이야기한 내용을 '지각'하고 열 개와 네 개 등 개수를 잊어버리지 않도록 '기억'해야 한다. 선생님이 말한 문제의 '언어 처리' 또한 필수다.

그다음으로는 문제를 생각해야 하는데 암산하려면 다른 생각은 하지 않고 '주의'·집중해야 한다. 좋아하는 게임을 생각하고 있다면 암산할 수 없다. 마지막으로 이 문제가 묻는 것은 다음의 세 가지로 해석할 수 있다.

'A는 누군가에게 네 개의 사탕을 주었는가?'

'A는 누군가에게 네 개의 사탕을 받았는가?'

'A는 네 개의 사탕을 그냥 주웠는가/주었는가?'

그러므로 여기서 선생님은 무엇을 의도하고 있는지 '판단 · 추론'할 필요가 있다. 즉 선생님이 말로 낸 문제를 풀려면 인지 기능의 모든 능력이 필요하다.

국어, 산수, 과학, 사회, 영어 등 교과 학습은 사탕 계산 문제보다 훨씬 복잡하고 어렵다는 사실을 잊지 말아야 한다. 그러므로 듣는 힘이나 집중력이 없다거나, 혹은 남의 말을 금세 잊어버리는 등 이러한 인지 기능 중 한 가지라도 취약하다면 당연하게도 문제는 풀 수 없다. 학습할 때 인지 기능은 꼭 필요하다. 따라서 학습 진도가 더딘 아이들은 하나의, 혹은 여러 개의 인지 기능이 제대로 작용하지 않을 가능성이 있다.

◇ 인지 기능은 학습의 토대

인지 기능은 선생님의 설명을 확실하게 보고/듣고(지각) 이해하는 힘(언어 이해), 집중해서 문제를 푸는 힘(주의), 중요한 것을 외우는 힘(기억), 배운 것을 바탕으로 새로운 문제에 접근하는 힘(판단 · 추론) 등 학습에 필요한 힘이다. 인지 기능은 말 그대로 학습의 토대라고 할 수 있으니 이러한 인지 기능이 약하면, 즉 학습의 토대가 마련되지 않으면 학력을 키우기 어려워지고 주위 사람들을 따라가지 못하게 될 가능성이 커진다.

운동에 비유하자면 학습의 토대는 기초체력과 같다. 아이에게 근력, 지구력, 순발력, 집중력, 유연성 등 기초체력이 없다면, 선생님이 뜀틀이나 철봉 거꾸로 오르기를 아무리 설명해주어도 체육 수업을 따라갈 수 없다. 즉, 기초체력은 인지 기능에 해당하고, 기술은 선생님이 학교에서 가르치는 교과목인 국어, 산수, 과학, 사회, 영어 지식에 해당한다. 만일, 보고 듣고 외우고 집중하는 인지 기능이라는 토대가 취약하다면 선생님이 열심히 공부를 가르쳐도 좋은 점수를 받을 수 없다.

그렇다면, 이 인지 기능은 어디서 배워야 할까? 오늘날 학교 교육에는 인지 기능을 익힐 수 있는 체계적인 프로그램이 없다. 그래서 수업 전에 집에서 확실하게 기초체력을 익혀 오라고 하는 실정이다. 그렇다면 집에서 어떻게 가르쳐야 할까? 학교 선생님들조차 어려움을 겪고 있을 정도이니 가족이라고 뾰족한 수가 있을 리 없다. 그래서 인지 기능을 익히기 위한 하나의 방법으로서 다음 장 이후에 소개하는 훈련(인지 훈련)을 만들게 되었다.

◎ 취약한 인지 기능은 대인관계 능력 부족으로 이어진다

인지 기능이 뒷받침하는 건 학습뿐만이 아니다. 사람에게 흥미를 느끼고(주의) 사람의 기분을 생각하며(추론) 사람과 대화하는 커뮤니케이션 능력(언어 이해 등 거의 모든 인지 기능), 다수의 어려운 문제에 대처하는 문제 해결 능력(판단) 등이 포함되며 이는 아이들이 학교생활을 하는 데 필요한 능력의 토대가 된다. 그러므로 인지 기능의 취약함은 대인관계 능력의 부족함으로도 이어진다. 인지 기능이 부족한 아이는 학교를 어려워하거나 친구들과 제대로 대화하지 못해 늘 짜증이 나 있을 가능성이 충분히 있다.

즉, '인지 기능이 취약함 ≒ 학습 진도가 더딤, 대인관계 능력이 부족함'이라는 공식이 성립할 수 있다. 그러므로 사회성과 인지 기능은 함께 훈련할 필요가 있는데, 아쉽게도 현재 학교 교육은 학과목의 교육이 우선이다 보니 그 토대가 되는 인지 기능을 거의 다루고 못하는 상황이다.

2 감정 통제에 취약하다

⬡ 기분을 표현하기 어렵다

어려움을 겪는 아이들의 두 번째 특징인 감정 통제의 취약함을 설명하고자 한다. 이러한 아이들은 이성이 끊겨 왈칵 화를 내거나 자신의 감정을 제대로 표현하지 못하고 혼자 스트레스로 끙끙 앓는다. 자신의 마음속에 어떤 일이 일어나고 있는지 제대로 말로 표현하지 못하거나 갈무리하지 못한다는 점이 원인으로 꼽힌다. 내가 있던 소년원에는 모든 일에 '짜증'을 내는 소년이 있었다. 화가 나든 외롭든 배가 고프든 자신감이 없든 상관이 없었다. 어떠한 일에 스트레스를 느껴도 그 감정이 확실하지 않다 보니 지금 어떤 기분인지(화가 났는지, 슬픈지, 외로운지 등)를 모르는 상태였다.

◇ 마음 일기

부적절한 행동이 많고 본인의 생각을 말로 표현하지 못하는 소년에게 '마음 일기'를 쓰게 한 적이 있다. 일기 형식이라면 자신의 기분을 표현할 수 있을지도 모른다고 생각했기 때문이다. '마음 일기'는 '좋았던 일', '당시의 기분', '나빴던 일', '당시의 기분'으로 항목을 나눈다. 일기를 처음 쓸 때만 해도 소년은 '아무 일도 없었다'라는 말밖에 쓰지 않았다. 역시 틀렸나 싶었지만 적어도 열흘 정도는 더 해보자고 마음을 고쳐먹고 소년에게도 일기를 계속 쓰라고 했다.

열흘이 지나자 소년이 갑자기 일기를 쓰기 시작했다. 일기에는 '나는 이렇게 열심히 하는데, 선생님은 왜 나만 혼을 낼까?'라는 불평불만이 가득했다. 자신이 느끼는 불만을 제대로 말하지 못해서 스트레스가 잔뜩 쌓였던 것이다. 어른이라면 그 나름의 스트레스를 발산하는 방법을 가지고 있다. 돈이 있다면 여행을 가거나 술을 마시기도 하고 맛집을 찾아가거나 충동구매를 하기도 한다. 하지만 돈도 없는 아이들은 스트레스 해소법이 한정적이다. 그래서 이 소년은 매일같이 도서관으로 갔다. 그곳에서 어린 여자아이를 발견하면 화장실로 데려가 성폭행하면서 스트레스를 해소한 것이다. 이처럼 아이들 마음속에서 소용돌이치는 스트레스는 눈에 보이지 않으므로 잘 발산시키지 않으면 엄청난 결과를 초래할 가능성도 있다.

오감(시각, 청각, 촉각, 후각, 미각)을 통해 들어오는 정보는 '감정'을 통해 인지한다. 따라서 감정을 제대로 통제하지 못하면 인지 과정에 다양한 영향을 미칠 수 있다. 어른이라도 감정적으로 변하면 냉정하거나 적절하게 판단 내리지 못하기 마련이다. 아이들은 오죽하겠는가. 그래서 감정을 통제하지 못하면 다양한 형태의 부적절한 행동을 취하게 된다. 분노는 특히 까다로운 감정이다. 냉정한 사고를 멈추게 할 뿐 아니라 다양한 문제 행동을 일으키기 쉽기 때문이다. 이러한 분노를 통제하는 방법은 제4장에서 소개한다.

⬡ 사람의 마음을 모르겠다

감정 문제를 다룰 때 '사람의 마음을 모르겠다'는 점을 기억해야 한다. 상대방이 느끼는 기분을 이해하지 못하면 그로 인해 다양한 문제가 발생한다는 사실을 잊지 말자. 그러므로 감정 문제에서는 자신의 마음을 통제하지 못하는 것인지, 다른 사람의 마음을 이해하지 못하는 것인지, 혹은 이두 가지 모두에 해당하는 것인지를 다루어야 한다.

한편, 자신의 마음을 통제하거나 다른 이의 기분을 이해하는 일 모두 여러 단계를 거쳐 이루어진다. 두 가지 모두 뒤로 갈수록(단계가 높아질수록) 그 내용이 어려워진다. 아이들이 어느 단계에서 벽에 부딪혔는지를 파악하자. 이에 대한 훈련법은 제4장에서 소개하겠다.

자신의 마음에 대해서
- 자기감정을 깨닫는다
- 자기감정을 파악한다
- 언어로 표현할 수 있다
- 통제할 수 있다

다른 이의 기분을 이해하는 일에 대해서

· 다른 사람의 표정을 읽을 수 있고, 알아챌 수 있고, 알 수 있다

· 다른 사람의 입장에 설 수 있고, 기분을 헤아릴 수 있다

· 다른 사람에게 공감할 수 있고, 상대방의 배경까지 상상할 수 있다

· 다른 사람의 고민 상담을 해줄 수 있다(문제 해결도 포함)

3 융통성이 없다

세 번째 특징은 부족한 융통성이다. 융통성이 없는 아이는 무슨 일이든 즉흥적으로 행동하는 것처럼 보인다. 그들은 사고가 유연하지 못하고 변화에 적응하는 능력이 부족하여 예상 밖의 일이 발생하면 공황 상태에 빠지는 일이 많다.

일반적으로, 어떠한 어려운 일이 있을 때는 이를 해결하기 위해 A라는 방법, B라는 방법, C라는 방법 등의 몇 가지 선택지를 내놓는다. 하지만 융통성이 부족한 아이들은 대체로 하나의 선택지만 내놓는다. 그래서 한 가지 방법만을 고집하고 몇 번을 잘못해도 같은 선택지를 선택하고 만다. 즉, 실패로부터 무언가를 배우지를 못하는 것이다.

'사과 다섯 개를 셋이서 공평하게 나누려면 어떻게 해야 할까?'

이 질문에 답하는 정답은 하나가 아니다. 다양한 방법을 생각해볼 수 있다. 어느 날 강연회에서 청중에게 이 문제를 낸 적이 있었다. 우선은 다섯

개의 사과를 셋이서 하나씩 나누어 가지고 남은 두 개를 어떻게든 삼등분하겠다는 대답이 가장 많았다. 다소 수고스럽기는 하지만 모든 사과를 삼등분해 열다섯 조각으로 나눈 뒤, 한 사람에게 다섯 조각씩 나누어준다는 방법이 그 뒤를 이었다. 더 깊이 파고들어 사과를 모두 주스로 만든 다음 똑같이 삼등분하면 된다는 대답부터 사과 두 개를 버리면 된다는 약간 아쉬운 대답도 있었다. 모두 틀린 말은 아니라고 생각한다.

하지만, 사고가 유연하지 못하고 융통성이 없는 아이들은 어떻게 대답할까? 아이들은 이를 계산하는 문제로 받아들여 5를 3으로 나누기 시작한다. $5 \div 3 = 1.666\cdots$. 그리고 답이 딱 떨어지지 않아 나눌 수 없다고 대답한다. 그러한 답을 원하는 게 아니라고 말해주고 싶지만, 이 아이는 계산 문제라는 생각에 사로잡혀 그 이상 사고를 확장시키지 못한다. 이러한 문제에 대답하는 모습만 보아도 부족한 융통성 때문에 사회에서도 여러 가지로 고생했을 것이라 짐작할 수 있다.

나아가 이러한 아이들에게 동그란 케이크 그림을 보여주고 삼등분해 보라고 말하면 한 사람도 빠짐없이 우선은 세로로 반을 나눈다. 그다음에는 어떻게 할지 몰라 남은 절반에 가로나 세로로 선을 그려 넣어 이등분해버린다. 케이크를 오등분해 보라고 하면 일단 십자로 잘라 사등분을 만든다. 하지만 이번에도 그다음을 생각해내지 못한다. 슬쩍 사선을 그려 넣기도 하고 아예 펜을 움직이지 못하는 아이도 있었다.

소년원에 이러한 소년들이 무척 많아서 놀랐다. 초등학교 저학년이라면 위와 같이 잘라도 이상하지 않겠지만, 상대는 흉악 범죄를 저지른 10대 소년들이다. 케이크를 어떻게 잘라야 할지 몰라 끙끙대는 모습을 보며 일반적인 비행 청소년의 이미지와는 상당한 차이가 있다고 느꼈다. 그리고 동시에, 교정 교육 이전에 선행되어야 할 일이 있다는 생각이 들었다.

사실, 이 케이크 문제는 한 지자체의 일반 중학교 선생님이 1학년 전원에게 시켜본 적 있다. 결과적으로 약 1/4이 제대로 나누지 못했다고 한다. 케이크를 삼등분하지 못하는 아이들은 비단 비행 청소년만이 아니었던 것이다.

4 자기 평가가 부적절하다

◇ 자기 자신을 모르겠다

네 번째는 부적절한 자기 평가다. 어느 날, 흉악 범죄를 저지른 비행 청소년들에게 자신을 어떤 사람이라 생각하느냐고 물었다. 그러자 놀랍게도 80% 이상의 소년들이 본인은 착한 사람이라고 대답했다. 이들은 절도나 상해처럼 다른 사람에게 큰 피해를 입히는 범죄를 저질렀다. 개중에는 살인까지 저지른 소년도 있었다. 그런데도 '자신은 착하다'라고 대답한 것이다. 그래서 자기 평가에 어려움이 있다는 사실을 깨달을 수 있었다.

이는 심각한 문제이다. 자신을 착하고 좋은 사람이라고 여기면 자기 자신을 바꾸려 하지 않기 때문이다. 자신을 객관적으로 바라보지 못한다면 갱생하고 싶다거나 더 나은 사람이 되고 싶다는 의욕이 생기지 않는다. 반대로, 자신은 범죄를 저지른 나쁜 사람이니, 이러한 자신을 바꾸기 위해 무슨 일이든 해야 한다고 깨달아야 비로소 갱생하려는 의지가 생긴다. 그러므로 이러한 부적절한 자기 인지와 자기 평가는 간과할 수 없는 문제이다.

참고로, 이 소년들에게 본인의 착한 점이 무엇인지 물었더니 친구들이나 어른, 아이들에게 친절하게 대한다는 대답이 돌아왔다. 요컨대 자기가 편하게 대할 수 있는 사람에게는 착하게 행동하지만 자신에게 나쁜 짓을 한 상대방에게는 살인도 서슴지 않는다는 뜻이기도 하다. 피해자에게는 심한 짓을 했는데도 착하냐고 물어야 비로소 자신이 착하지 않다는 사실을 깨닫는다. 그렇게까지 구체적으로 지적하지 않으면 도통 알아차리지 못한다.

그렇다면 이들은 왜 자기 자신을 모를까. 그 이유는 '상대방의 반응을 파악하지 못하기 때문'이라고 생각한다. 모두가 내게 호감을 표하면 다른 사람이 나를 좋아한다고 느낀다. 반대로 모두가 차갑게 대한다면 미움을 받고 있다고 느끼며 자신의 행동을 돌아본다. 즉, 주변 사람들이 나를 대하는 태도처럼 타인의 반응을 접해야 비로소 내가 어떤 사람인지 인지할 수 있다. 상대방의 평가가 있어야만 비로소 자신을 파악할 수 있다는 소리다. 만일 무인도에서 혼자 살고 있다면 자신이 어떤 사람인지 알 수 없다.

그러나 상대방이 웃고 있는데 화를 내는 것처럼 보인다거나 화를 내고 있는데 웃는 것처럼 보이는 등, 인지 기능이 취약한 상태에서는 본인에게 돌아오는 반응 또한 정상적으로 인식하지 못한다. 그래서 자신이 어떤 사람인지 잘 모르게 된다. 이처럼 인지 기능은 본인을 올바르게 인식하는 일과도 관련된다.

특히 이러한 소년들은 상하관계나 권력 관계가 얽혀 있다 보니 일대일 개인 면담이나 상담만으로는 자신을 올바르게 인식하기가 힘들다. 그래서 집단 지도(group work)를 이용한다. 집단 안에서 상호작용을 계속하면서 자신이 어떤 사람인지를 점차 깨달아가기를 기대하는 것이다. 이 또한 다음 장에서 소개한다.

5 대인관계를 어려워한다

다섯 번째는 부족한 대인관계 능력이다. 소년원에 입소한 소년들은 사회생활에 필요한 기본 대인관계 능력을 익히는 연습을 반드시 해야 한다.

역시 사람을 상대할 때 발생하는 문제는 큰 스트레스다. 대인관계 능력이 떨어져 상대방의 입장에서 생각할 수 없고 자신의 생각을 거침없이 말하는 소년들은 사회에서 상대방을 불쾌하게 하거나 다른 사람에게 휘둘리는 등 다양한 문제를 만들어 냈다. 이러한 소년들이 집단에서도 얼마나 괴로웠을지 상상하기란 그리 어렵지 않다. 학교의 교과 과정을 통해 배울 수 없었던 만큼 상대방과 원활하게 커뮤니케이션을 하기 위한 최소한의 예의범절을 처음부터 다시 훈련해야만 했다.

또한, 오늘날 일본 취업 인구의 약 70%는 서비스업이다. 대인관계 능력이 부족하면 서비스업 업무를 제대로 수행할 수 없다. 그렇다고 해서 대인관계 능력이 떨어지는 소년들이 제1차 산업, 제2차 산업 분야에서 일할 수 있느냐고 묻는다면 그것도 아니다. 예로부터 '장인'이라 불리는 사람들에게는 대인관계 능력이 크게 필요하지 않았는지도 모르지만, 오늘날은 장인뿐만 아니라 모든 이에게 대인관계 능력이 요구된다. 니즈는 다양화되고 있다. 숨 가쁘게 변화하는 시대에 그 니즈에 부응해 시장이 요구하는 제품을 만들려면 상품을 파는 사람들과의 커뮤니케이션은 필수불가결이다.

또한, 대인관계 능력이 떨어지면 범죄에 휘말릴 위험도 커진다. 질이 나쁜 집단이 부추기는 범죄 행위를 확실하게 거절하지 못하면 범죄에 이용되거나 가해자가 될 위험이 있다. 반대로 왕따를 당하거나 협박을 받았을 때 도움을 요청하지 못한다면 피해자가 될 수도 있다. 자신을 지키기 위해서라도 대인관계 능력을 끌어올리는 일은 중요하다.

　그러나, 다른 사람에게 자신이 하고 싶은 말을 효과적으로 전달하거나 상대방의 상황을 파악해 말을 하는 커뮤니케이션 능력은 익히기 어렵다. 누구도 커뮤니케이션 능력에 자신 있다고 단언할 수 없기 때문이다.

　다만, 커뮤니케이션 능력은 몇 가지 스킬로 구성되어 있다. 부탁하는 법, 감사를 표현하는 법, 사과하는 법, 거절하는 법과 같은 구체적인 예절은 이러한 스킬 중 하나다. 여기서는 이러한 스킬을 가리켜 대인 예절이라고 부르겠다. 이 대인 예절은 연습하면 비교적 빨리 능숙해지기 때문에 커뮤니케이션 능력 향상에 효과적이라고 할 수 있다. "싫어." 하고 거절하는 경우와 "그건 좀 어려울 것 같아." 하고 거절하는 경우는 상대방이 전혀 다르게 받아들이는데, 대인 예절이란 이러한 사실을 배우는 것이다. 이 또한 제4장에서 소개하겠다.

6 신체 능력이 떨어진다

　마지막으로 부족한 신체 능력에 관한 내용을 추가한다. 신체 능력이 떨어지면 일을 원만하게 처리할 수 없다. 이는 의외로 간과하기 쉬운 사실이다. 공부를 못하는 아이는 머리를 쓰는 일이 어려우므로 몸을 움직이는 육체노동 직종에 취직하는 일이 많다. 특히 소년원을 출소한 소년들이 건설 현장에서 많이 일하는데, 몸을 쓰는 일이 서투르다면 일을 계속할 수 없다는 문제가 생긴다.

　예시로 많은 자료를 옮길 때 짐을 드는 법이나 옮기는 법이 잘못 되었다면 선임으로부터 야단을 맞을 수 있다. 실수를 연발하는 데다가 선임으로부터 혼이 나니 일이 싫어져 한 달 만에 그만둔다. 그러면 경제적으로 궁핍해지고, 다시 비행을 저지르게 되는 악순환으로 이어질 수 있다.

또한, 힘의 정도를 가늠하지 못한다는 특징도 있다. 친구들에게 장난을 쳤을 뿐인데 힘을 조절하지 못해 친구가 크게 다치기도 하고, 밤에 상해 사건으로 경찰에 체포되었다는 경우도 있었다. 그러므로 몸을 다루는 법을 알려주는 것 또한 중요하다. 제4장에서는 신체 능력의 향상에 효과적인 훈련을 소개하겠다.

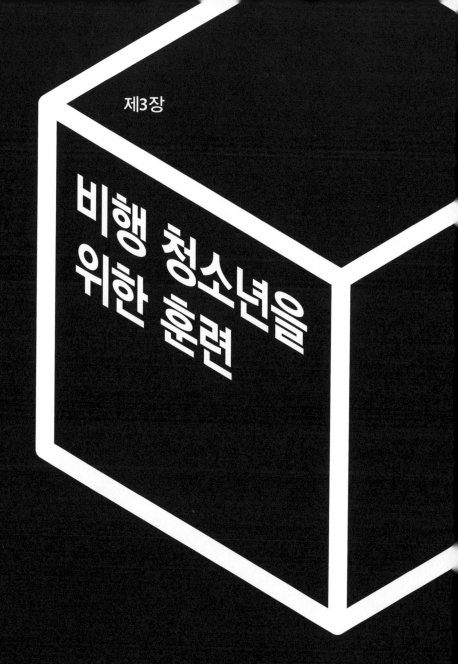

제3장

비행 청소년을 위한 훈련

"한번은 이러한 일도 있었다. 소년원 기숙사를 걷고 있는데 몇몇 소년들이 다가와 인지 훈련에 끼워달라며 말을 걸었다. 공부를 못하는 아이들이 인지 훈련을 받고 있다는 소리를 들은 모양이었는데, 한 소년은 "멍청함 하나는 자신 있어요. 꼭 하고 싶어요."라고 말했다. 훈련에 참가한 소년들이 재미있어하는 모습을 보고 자기도 하고 싶다고 생각한 모양이었다."

◇ 대학 병원에서 자유 시간이 생겼다

나는 소년원에서 '어려움을 겪는 아이들의 특징'을 가진 비행 청소년을 마주하고 그들에게 훈련을 도입하고 실시했다. 이번 장에서는 그 경위를 소개하기로 한다.

나는 대학 병원 전공의 시절에 상당히 시간이 많았다. 당시 효과적이라고 생각했던 방법을 활용해 환자를 진료한 적이 있는데, 상급의사가 터무니없는 행위로 판단해 약 한 달 동안 환자를 보지 못하게 되었기 때문이다. 새로운 환자를 받지 못하는, 말 그대로 업무에서 배제된 상태였다. 동기들이 6~8명의 환자를 배정받고 바쁘다고 투덜대면서도 하나라도 더 배우려고 뛰어다니는 동안, 내가 맡은 환자는 업무에서 배제되기 전 담당했던 알코올성 치매 환자 한 명뿐이었다. 그 환자마저도 증상이 호전돼 출근해서 환자와 이야기를 나누는 데 10분이면 충분했다. 그 뒤로는 17시까지 하릴없이 앉아있었다.

그토록 염원하던 의사 생활을 막 시작했지만, 내가 꿈꾸던 것과는 너무나 달랐다. 시간은 주체하지 못할 정도로 많았고 저녁까지는 할 일이 없었다. 무척 비참했다. 하지만, 누구에게도 이러한 심정을 털어놓을 수 없었다.

언제까지나 침울해한들 뾰족한 수가 없으니 이 기회에 뭐라도 공부하며 기분 전환하자는 마음으로 아침부터 저녁까지 의사학회 부속 도서관에 틀어박혔다. 유일하게 담당했던 알코올성 치매 환자는 아직 60대였지만, 오랜 기간 술을 마신 탓에 인지 기능이 상당히 떨어진 상태였다. 마침 시간도 있겠다, 조금 더 자세히 치매 검사를 해보자는 생각에 인지 기능에 관한 검사를 알아보았다. 그중에서도 레이복합도형검사, 정육면체 따라 그리기 등을 포함한 다양한 신경 심리 검사를 공부했고, 그러다 신경 심리학에 강한 흥미를 느껴 정신과가 아닌 신경과로 과를 바꾸기로 결심했다. 일 년 있을 예정이었던 대학 병원을 반년 만에 그만두고 신경과 공부를 할 수 있는 병원을 소개받아 그곳으로 이직할 정도의 결심이었다. 그곳에서의 경험은 비행 청소년의 인지 기능의 취약함을 깨달을 수 있는 계기가 되었다.

◇ 아이들에게 레이복합도형검사를 실시한 의사는 없었다

새로운 병원의 신경과에서는 많은 것을 공부할 수 있었다. 하지만 고민 끝에 결국 정신과로 돌아가기로 했다. 정신과로 돌아온 뒤로는 공립 정신과 병원에서 아동 정신과 의사로 일하며 발달장애 아이들, 학대받는 아이들, 등교를 거부하는 아이들, 사춘기에 접어든 아이들의 치료를 담당했다. 그러다 문득 이 아이들이 치매용 레이복합도형검사를 받아보면 좋겠다는 생각이 들었다. 처음 검사를 받은 아이는 그림을 제대로 그리지 못했다. 대부분의 다른 아이들도 마찬가지였다. 이를 보고 인지 기능 문제를 가진 아이의 존재를 알게 되었다.

당시 근무했던 정신과 병원은 이른바 기간 병원[9]이었다. 서일본을 대표하는 역사가 오래된 병원으로, 아동 치료에도 적극적이었다. 예약이 쇄도하다 보니 한때는 4년이나 기다려야 초진을 볼 수 있을 정도로 이례적인 상황이 일어나기도 했다. 하지만 이러한 병원조차도 인지 기능의 취약함이라는 관점에서 아동을 진단한 의사는 없었다. 대체로 발달 검사, 지능 검

---

9 [역자주]일본에서 지역 의료의 핵심 역할과 지역 의료 지원 등의 거점 역할을 담당하는 병원.

사를 통해 지능 수준이 어느 정도인지를 알아보는 수준이었다. 자폐 스펙트럼 증후군 등이 의심될 때는 아이의 '집착'이나 감각 과민, 커뮤니케이션 등 몇몇 특징을 기반으로 진단한다. 하지만, 아이들에게 정육면체를 그리게 하거나 레이복합도형검사를 받게 해 인지 기능을 평가하려고 한 의사는 없었다.

소년원에서 근무하게 된 뒤에는 소년들에게도 같은 검사를 받게 했다. 그 결과는 실로 놀라워서 그들이 비행 행동을 한 원인 중 여기에 있다는 사실을 깨닫고, 인지 기능에 특화된 어떠한 대처가 필요하다고 확신하게 되었다.

◈ 사용할 수 있는 교재가 없었다

소년원 소년들이 가진 인지 기능 문제에 대처하겠다고는 했지만, 어디서부터 시작해야 좋을지 알 수 없었다. 그 당시 일본은 아이를 위한 인지 기능 검사조차 아직 널리 알려지지 않았다. 따라서 인지 기능 훈련법 등은 찾아보기 어려웠으므로, 처음부터 하나하나 만들어가야 하는 상황이었다.

여러 가지를 모색하다가 어느 날 문득 정신과 병원에서의 일이 떠올랐다. 나는 어떤 환자의 보호자에게 아이가 따라 그린 이상한 그림을 보여주었다. 이 보호자는 고민을 거듭한 끝에 한 교재를 찾아와 시험해 보자고 했다. 흔히 사용되는 점 잇기 교재였다. 나는 그 교재를 보면서 이렇게도 따라 그리기 연습을 할 수 있다는 사실을 깨달았다. 그리 어려운 것도 아니니 일단 소년들에게도 시켜보면 좋겠다고 생각해 교재를 사 모으기 시작했다.

점을 잇고 수를 세는 교재를 내놓은 출판사는 여럿 있었다. 처음에는 소년원 교육 담당자와 함께 문제별로 교재를 사서 소년들에게 풀게 했다. 틀린 그림 찾기, 도형 따라 그리기 등의 문제를 풀면서 소년들의 표정이나 행동이 조금씩 변하기 시작하는 게 눈에 보였다. 효과를 직감할 수 있었다. 그렇게 소년원에 부탁해 시판 중인 교재를 대량으로 구입했는데, 일부는 자비도 아끼지 않았다. 이렇게 소년들에게 훈련을 계속 시켰다.

하지만, 비용이 만만치 않았다. 교재비는 대략 1인당 2만 엔(약 20만 원) 정도였다. 평균 열두 명 정도가 한 그룹을 이루어 4개월 동안 치료를 받았으니, 그것만으로도 벌써 24만 엔(약 240만 원)이 필요했다. 1년에 세 그룹이나 교육했으니 80만 엔(약 800만 원) 정도가 사라지는 건 순식간이었다. 나아가 그만큼이나 교재를 사 모았지만, 모든 인지 기능 훈련에 활용할 수는 없었다.

조금 더 싸고 효율적인 교재는 없을까? 적절한 교재를 찾기 위해 일본을 비롯해 영미권 도서까지 찾아보았지만, 이렇다 할 만한 교재를 발견하지 못했다. 그러기를 일 년 정도 지나자 직접 만들어야겠다는 결심이 섰다.

⬡ 기존의 인지 기능을 키우는 훈련을 연구해 개발하다

우선은 참고 교재의 문제부터 모았다. 시중에 판매 중인 여러 인지 기능 훈련을 조사하고 여기서 힌트를 얻어 아이들이 사용하기 쉽도록 분류하고 정리했다. 그렇게 '첫 단어와 박수', '숫자 찾기', '빙글빙글 별자리'와 같은 독자적인 인지 훈련 워크시트를 개발했다.

워크 시트 내용은 다음 장에서 구체적으로 설명하겠지만, '첫 단어와 박수'는 듣기 폭 과제(Listening Span Test)를 참고했다. 이 검사는 원래 이상한 내용이 섞인 문장 몇 개를 들려주고 각 문장의 첫 단어만 외우게 해서 문장의 옳고 그름을 대답하는 문제다. 이 문제를 변형해 문장이 이상한지를 판정하는 대신 동물이나 음식 이름이 나오면 손뼉을 치게 했다.

'빙글빙글 별자리'나 '숫자 찾기', '가나다 산수' 문제는 모두 내가 직접 만들었다. '빙글빙글 별자리' 문제를 만들 당시 천체관측에 푹 빠져 있었는데, 천체 망원경의 접안렌즈가 돌아가 관찰하기 힘들었던 경험이 개발 계기가 되었다.

소년 대부분은 3+8과 같은 일방적인 계산 연습 문제 때문에 산수를 싫어한다. 그래서 '숫자 찾기'는 게임처럼 계산할 수 있도록 만들었다. 바둑판처럼 배치된 사각형 안에 숫자를 배열하고, 사각형 안에 인접한 두 숫자의 합이 11이 되는 조합을 찾는 식의 문제다. 답이 그 안에 있으니 계산을 싫어하는 아이도 게임처럼 즐기면서 암기력과 처리 속도, 작업 기억, 계획 능력, 이 네 가지 힘을 동시에 키울 수 있다.

'첫 글자와 박수', '무엇이 먼저일까?', '뭐가 있었을까?' 등은 듣고 외우는 문제라서 이를 해낼 수 있도록 외우는 훈련을 하는 문제도 필요했다. 그래서 'O는 어디 있을까?'라는 문제를 만들었다. 4×4의 표에 빨간 동그라미를 2~3개 그려 넣은 다음 그 위치를 외우게 한다. 이러한 종이를 세 장 준비하는데, O의 위치가 서로 다르다. 이 세 장의 종이를 순서대로 답안지에 옮겨 적게 하는 문제로, 시공간 작업 기억을 단련시킨다. 그림을 본 순서대로 위치를 기억함으로써 공간·시간적 경과도 체득할 수 있다.

'뭐가 있었을까?'는 한 도형을 10초 정도 보여준 뒤 똑같이 그리게 하는 기억 문제다. 이때 보여주는 도형은 단순하지 않고 약간 독특하다. 모양을 확실하게 외울 때 필요한 '특징을 제대로 파악하는 힘'과 '암기 방법(기억하는 힘)'을 단련시켜 준다.

박스 안에 그려진 점을 직선으로 이어 예시 그림과 똑같이 그리는 '점 잇기'는 흉내 내기의 기본 중의 기본이다. 하지만, 직선 연결은 잘 해도 곡선을 그리지 못하는 아이도 있다. 곡선이 많은 글자를 쓰려면 곡선 연결 연습도 필요하다고 생각해 '곡선 잇기'도 준비했다.

단순히 모양을 따라 쓰는 게 아니라 어떠한 규칙에 따라 베끼는 훈련도 필요하다. 그래서 위에 있는 그림을 아래에 똑같이 그릴 때, 특정 기호를 다른 기호로 변환해 따라 그리는 문제도 추가했다. 그게 바로 '빙글빙글 별자리'다. 그림의 위치 관계를 이해해야하므로 생각하면서 따라 그려야 한다.

이처럼 인지 기능 각각의 역할을 반영시키면서 하나하나 문제를 개발했다. 내 은사이신 정신과 교수님께서는 내가 만든 문제에 여러 가지로 조언해주시기도 했다. '모양 찾기' 문제는 점들 사이에서 모양을 찾는 항상성(보는 각도가 달라도 모양을 인식할 수 있는 것)에 관한 문제가 있으면 좋겠다는 의견을 받아들여 만들어졌다.

이러한 경위를 바탕으로 의료 소년원에서 남는 시간은 대부분 교재 개발에 투자했다. 그리고 비행 청소년들의 특징을 파악하고 난 뒤로 약 5년이라는 시간을 거쳐 일반인용 문제도 완성하였다. 인지 기능(Cognitive Function)에 특화된 훈련(Training)이라는 점에서 '인지 훈련'이라 이름 붙였다. 이름을 짓고 난 뒤 소년들에게 '인지 훈련'이라고 노트에 적게 했는데, 처음에는 잘못 알아듣고 진지한 얼굴로 '인자(仁慈) 훈련'이라 적기도 했었

다. 감옥에서 배려해준다는 생각에 '인자(한) 훈련'이라고 생각한 모양이
었다.

◇ '투구벌레'가 먹는 거라고!?

원래 워크시트는 소년원 안에서만 사용하려고 했다. 하지만, 한 강연회
를 계기로 일반인용 도서로도 출간하기로 했다. 내 강의를 듣고, 그 자리에
있던 한 출판사 직원이 다가와 꼭 책을 내고 싶다고 말을 걸었기 때문이다.

지금이야 출판사에 일러스트 제작을 요청할 수 있겠지만, 당시는 아
직 얼마나 팔릴지도 모르니 일러스트레이터에게 의뢰할 비용까지는 확보
하지 못했던 듯하다. 하는 수 없이 내가 손으로 직접 그리기로 했다. MS
Words로 만든 파일을 PDF로 변환해 CD-ROM에 저장하는 식이었다. 워
크시트는 800장이 넘었다. 이렇게 해서 2015년에 『인지 훈련, 보기 · 듣
기 · 상상하기를 위한 인지 증진 훈련コグトレ　みる · きく · 創造するた
めの認知機能強化トレーニング』(미와쇼텐)을 첫 출간하게 되었다. 표지에
사용된 뇌 일러스트나 인지 훈련의 로고도 직접 고안해냈다.

첫 번째 단독 저서였던 이 책에는 몇 가지 에피소드가 있다. 동물과 음식
의 이름이 나오면 손뼉을 치라는 문제인 '첫 단어와 박수'를 만들었을 때의
일이다. 음식이 아니라는 것을 전제로 문제에 투구벌레를 넣었는데, 편집
담당자가 외국의 어느 나라에는 투구벌레를 먹는 풍습이 있다고 했다. 메
뚜기도 먹는다고 하니 투구벌레를 먹는 곳이 없다고 할 수는 없지만, 투구
벌레는 음식으로 취급하지 않는 것이 상식 아닌가. 편집자가 생각보다 꼼

꼼한 것 같다는 불길한 예감이 느껴졌다.

또한, 이 책을 집필할 때는 컴퓨터에서 워드 프로그램을 켜고 문제를 하나하나 입력해갔다. 초반에 파일의 레이아웃을 보여주며 나중에는 수정할 수 없으니 변경해야 할 부분이 있다면 미리 말해달라고 했었다. 하지만 나의 불길한 예감은 적중하고 말았다. 한참을 만들고 난 뒤 담당자가 레이아웃이 약간 비뚤어졌다며 지적한 것이다. 결국, 두 번 정도는 파일을 뒤엎고 새로 만들었다. 결국 수천 장을 작업하는 꼴이 된 덕분에 오른팔에는 건초염 증상이 나타났고, 새로 산 컴퓨터는 고장이 났다. 당시 시간만 나면 출판 작업에 매진했었는데도 만들기 시작한 지 2년이 지나서야 겨우 출간할 수 있었다.

품은 많이 들었지만, 가격이 너무 비싸면 잘 팔리지 않을 것 같았다. 그래서 출판사에 가격을 낮춰달라고 부탁했다. 이해심 많은 출판사 사장은 이를 받아들여주었고 심지어 CD-ROM에 복제 방지 기능을 빼달라는 요구도 들어주었다. 일단 많은 사람이 사용하는 게 중요하다고 생각했기 때문이다. 800장에 달하는 문제가 담긴 CD-ROM을 부록으로 받을 수 있으니 한 권이면 학교 내 여러 사람이 사용할 수 있게 된다. 책은 덜 팔리더라도 아이들의 가능성을 높이는 데 조금이라도 도움이 된다면 그동안의 노고도 보상받을 수 있을 것 같다.

🔹 소년원에서 훈련을 시작하다

내가 근무했던 의료 소년원은 법무성[10] 관할이라 굳이 따지자면 보수적인 시설이었고, 내가 오기 전까지는 상근 정신과 의사 없이 교정 교육이 이뤄지고 있었다. 그 때문에 직원들은 연구 때문에 왔을 거라며 갓 부임한 나를 반신반의한 시선으로 바라보았다. 심지어 그들에게는 낯선 인지 훈련을 도입하고 나니 그러한 의혹은 한층 더 강해졌다.

실제로 소년들에게 훈련을 시키자, 교관들은 뒤에서 소년들이 싫어한다는 둥 교관들도 하기 싫어한다는 둥 수군댔다. 그래서 현장 교관에게 훈련의 필요성을 알리려고 했으나 효과는 전혀 없었다. 괜한 일을 더하고 싶지 않다는 마음도 있었는지 아무도 동참해주지 않았다. 하는 수 없이 직원들의 동태를 살펴보니 모두가 어떤 고참 교관의 말에 따르고 있었다. 원장이나 간부급 직원은 1~2년에 한 번씩 교대하지만, 교관은 몇십 년이나 일하다 보니 어느 정도는 영향력도 있어 '그림자 원장'이라 불릴 정도였다.

일단 이 '그림자 원장'과 이야기를 해보기로 했다. 사이도 점점 가까워졌다. 소년들의 사정이나 필요한 훈련에 대한 이야기도 계속 설명했더니 이윽고 다른 교관들을 설득해주겠다는 말을 들을 수 있었다. 이 그림자 원장의 도움으로 무사히 훈련을 도입할 수 있었다.

당시의 현장 수석 책임자도 훈련의 필요성을 이해해주었다. 덕분에 교정 교육의 방침을 발표하는 교정 교육 학회에서 인지 훈련이 무엇인지 발표할 기회도 얻었다. 이 발표로 소년원으로부터 상도 받는 등 평가는 더욱 올라가게 되었다. 또한 이를 계기로 인지 훈련이 서서히 확산되어 갔다. 그 소년원에서는 지금도 인지 훈련이 인기 있는 교육 중 하나라고 한다.

---

10 한국의 법무부에 해당한다.

⬡ 소년이 의욕을 불태우게 된 계기

훈련이 처음부터 잘 진행되었던 건 아니다. 열두 명씩 한 그룹으로 묶어 진행했는데 절반 이상은 의욕이 없었고 아예 무시하는 소년들도 있었다. 똑똑해지기 위한 훈련이니 소년들도 적극적으로 임할 줄 알았던 내 생각이 짧았다. 이들은 원래 공부를 좋아하지 않았다.

처음에는 진지하게 임했던 소년들도 있었지만, 이내 훈련하는 의미가 없다며 그만두기 시작했다. 함께 훈련을 돕던 교관들조차 별말 하지 않았다. 많은 이들이 힘을 합쳐 겨우 훈련을 시작할 수 있게 되었는데 정작 주인공인 소년들이 참가하지 않는다니. 초조하고 불안했다. 지금 생각해보면 의욕이 완전히 빠져 있었던 것 같다. 더는 의미가 없는 것 같아 포기할까도 생각했다. 역시 그럴 줄 알았다고 말할 것 같은 몇몇 교관의 얼굴이 스치고 지나갔다.

어느 날인가는 불쑥 화가 나 떠드는 소년들에게 될 대로 되라는 심정으로 "그럼 누가 앞에 나와 대신 선생님 역할을 할래?"라고 말했다. 분명 싫다고 대답할 줄 알았는데, 소년들은 의외의 행동을 보여주었다. 서로 자기에게 맡겨달라며 너나 할 것 없이 손을 든 것이다. 그때까지는 내가 앞에 서서 아이들을 가르쳤다. 하지만, 자신들이 선생님이 된 순간 의욕이 없던 소년들의 태도가 180도 달라졌다. 물론, 모든 일을 소년들에게 맡길 수는 없으니 추가 설명이 필요한 부분은 내가 보충했다. 이는 내가 지향하는 지원 방침에 가장 큰 영향을 미친 사건 중 하나가 되었다.

소년들에게 선생님 역할을 맡기니 수업에 임하는 자세가 완전히 달라졌다. 당시 수업은 한 번에 80분, 주 2회였다. 그 외의 날은 자습으로 과제를

61

시켰고, 다 한 순서대로 도장을 찍어줬다. 그랬더니 서로 여기까지 했다며 경쟁하는 것이었다. 과제를 다 한 소년은 계속 진도가 나간다는 사실에 자신감을 얻게 되었고, 모르는 소년을 가르쳐주기까지 했다. 나는 이때, 사람은 누군가에게 도움을 줄 때 기쁨을 느낀다는 사실을 배웠다. 이는 비단 비행 청소년만의 이야기가 아니다. 사람은 가르침을 받는 것보다 누군가를 가르쳐주고 싶어한다. 누군가에게 무언가를 받는 것보다 자신이 누군가를 도와줄 때 기쁨과 행복을 느끼는 것이다.

◈ 모르는 이유를 알 수 없었다

소년들에게 선생님 역할을 맡기면서 또 한 가지 큰 발견을 했다. 블록으로 쌓은 도형이 옆에서 어떻게 보일지 상상하는 문제였다. 수업 중에 한 소년이 도저히 모르겠다고 하자 나는 문제를 푸는 방법을 알려주었는데 소년은 좀처럼 설명을 이해하지 못했다. 나 역시 왜 이처럼 간단한 문제도 이해하지 못하는지 알 수 없었다. 진짜 블록을 쌓은 뒤 옆에서 보게 했는데도 소년은 전혀 모르겠다고 했다. 계속 다시 설명하고 있었는데, 갑자기 그 소년의 얼굴이 새빨개지더니 친구들 앞에서 눈물을 뚝뚝 흘리기 시작했다. 이 소년은 상해 사건으로 소년원에 들어온 고등학생 정도 되는 소년이었다.

그가 우는 모습을 보며 내가 소년에게 심한 상처를 주었다는 사실을 깨달았다. 사회에서 흉악한 사건을 일으킨 소년일지라도 잘 모른다는 사실에 이토록 괴로워한다는 사실을 알게 된 것이다.

지금 돌이켜보면, 나는 내가 이해한 사실을 전제로 하여 일방적으로 설명했을 것이다. 이해한 척하는 소년도 분명 있었을 것이다. 무지를 마주하는 일은 무척 괴롭다. 그리고 모른다고 솔직하게 말하는 일은 훨씬 괴롭다는 사실을 깨달았다.

나는 그저 도움이 되는 훈련이니 분명 소년들이 기뻐할 거라 생각했다. 그러나 결과적으로는 내 착각이었고, 그들에게 정신적인 상처를 주고 말았다. 소년들의 특성을 파악해 훈련을 고안했다며 득의양양했던 자신이 창피했다. 아직도 그들에 대해 모르는 것투성이였다. 어떤 교재든 소년들의 니즈에 맞춰 적재적소에 사용하는 것이 중요하다는 것을 알게 되었다.

◈ 서로 가르치게 하니 이해가 빨라졌다

그렇다면, 어떻게 해야 이 소년이 문제를 이해할 수 있을까? 아무리 생각해도 묘안이 떠오르지 않았다.

'밑져야 본전'이라는 생각으로 문제를 먼저 푼 소년에게 설명을 부탁했다. 그러나 그 소년의 설명 방법이 무척 복잡해서 더욱 이해하기 어려웠다. 부탁한 것을 후회하고 있을 때, 울기만 하던 소년이 그 설명을 듣고 단숨에 이해했다. 같은 어려움을 겪었기 때문에 상대방이 어려워하는 곳을 다른 사람보다 잘 이해하고 있는 듯했다. 상대방 역시 같은 입장이었기 때문에 솔직한 설명을 쉽게 받아들였는지도 모른다.

어른이 보기에는, 같은 입장의 소년에게서 설명을 들으면 창피하거나 삐치거나 의욕을 잃게 만든다고 걱정할지도 모른다. 하지만, 내 경험에 따르면 그런 일은 한 번도 없었다. 오히려 소년들은 마치 제발 가르쳐달라는 듯 서로 즐겁게 이야기했다. 설명해주는 소년은 설명을 통해 훨씬 깊게 이해하게 되었고, 상대방이 자신의 설명을 이해할 때 기뻐했다. 이러한 발견도 큰 수확이었다.

◇ "멍청함 하나는 자신 있어요."

훈련을 도입한 전후를 비교해보면, 소년들에게 긍정적인 변화가 나타났다. 따라 그리기를 잘 하게 되었다거나, 집중력이 좋아졌다거나, 교관의 지시를 한 번에 알아듣기 시작했으며 무엇보다 그들에게서 생기가 돌기 시작했다.

한번은 이러한 일도 있었다. 소년원 기숙사를 걷고 있는데 몇몇 소년들이 다가와 인지 훈련에 끼워달라며 말을 걸었다. 공부를 못하는 아이들이 인지 훈련을 받고 있다는 소리를 들은 모양이었는데, 한 소년은 "멍청함 하나는 자신 있어요. 꼭 하고 싶어요."라고 말했다. 훈련에 참가한 소년들이 재미있어하는 모습을 보고 자기도 하고 싶다고 생각한 모양이었다.

혼자서, 그야말로 맨땅에 헤딩하는 기분으로 시작한 비행 청소년의 훈련은 이렇게 소년원에서 서서히 뿌리내리기 시작했다.

◇ 사회적인 훈련도 필요하다

물론, 소년원 비행 청소년들에게 인지 기능이 취약하다는 문제만 있는 건 아니다. 사회성 훈련도 필요하다. 이 훈련에서는 앞 장에서 이야기한 바와 같이 감정이나 윤리, 문제 해결 능력, 커뮤니케이션 능력 등 다양한 과제가 주어진다.

지금까지 소년원에서는 사회기술훈련(Social Skill Training; SST)을 바탕으로 한 대인 훈련이나 직업 훈련의 일환으로서 회사 면접 때 필요한 기술 훈련 등의 프로그램을 진행하고 있었다. 하지만, 이들의 인지 특성에는 맞지 않았다. 대부분 강의 형식이었고 소년들은 내용을 이해하지 못한 채 강의를 들어야 했다. 강의는 늘 사회에서 문제를 일으키지 않도록 자신의 문제점을 확실히 고치라는 식으로 끝났다. 소년들은 구체적으로 무엇을 어떻게 해야 하는지 끝까지 알지 못했다. 자신들이 미숙하다는 사실은 잘 알고 있지만 그 해결책을 제시해주지 않으니 불안만 가중되었다.

이 상황을 개선하기 위해 나는 여섯 가지 특징을 적용한 프로그램을 몇 가지 만들었다. 수업을 담당하는 교관에게 프로그램 지도를 부탁하거나 소년들의 방을 돌며 자율적으로 학습하게 했다. 이러한 프로그램이 다음에 소개하는 집단 지도, 다음 장에 소개할 단계식 감정 훈련, 단계식 문제 해결 훈련 등이다.

◈ 집단 지도를 통해 다른 사람과 나를 이해하다

프로그램은 최대한 집단 지도를 이용해 진행했다. 진찰이나 상담은 일대일로 진행되므로 아무래도 입장 차이가 발생하기 마련이다. 하지만, 집단 지도는 기본적으로 참가자끼리 대등한 입장을 갖는다. 그래서 각자의 다양한 속내가 드러나고 다른 소년들의 생각도 들을 수 있어 반면교사로 삼을 수 있다.

집단 지도의 종류는 다양하지만, 나는 밸런스 게임(가치관 게임)을 즐겨 했다. 밸런스 게임이란 다시 태어난다면 개가 좋은지 고양이가 좋은지, 남자와 여자, 어느 쪽으로 태어나고 싶은지와 같은 정답이 없는 문제를 다 같이 토론하는 일이다. 또한, 단순히 이지선다로 대답하는 게 아니라 그렇게 생각하는 정도를 수치화한다. 예를 들어, 개로 태어나고 싶은 사람은 오른쪽, 고양이로 태어나고 싶은 사람은 왼쪽으로 표시한 눈금 막대(혹은 자)를 준비한다. 가운데가 0이고 반드시 개(혹은 고양이)로 태어나고 싶은 경우를 100이라고 했을 때 그렇게 되고 싶은 정도가 몇 퍼센트인지 이야기한 뒤 그곳에 그 아이의 명찰을 붙여둔다. 그러면 개파, 고양이파, 중간파로 나뉘게 된다.

그룹을 나눈 다음에는 다 같이 토론한다. 자신의 생각에 동의하도록 다른 사람들을 설득하는 것이다. 만약 개를 고른 쪽이라면 왜 개가 좋은지, 왜 고양이는 싫은지를 설명해 상대방을 납득시키려고 한다. 상대방의 말에 마음이 움직였다면 '몇 퍼센트 움직였다'라고 말하고 명찰을 움직인다. 이 화기애애한 논의 속에서 참가자는 상대방을 통해 자신을 깨닫게 된다.

집단 지도 진행자는 일단 참가자를 편하게 해주어야 한다. 이것이 성공의 열쇠라고 해도 과언이 아니다. 분위기가 편안하면 생각을 자유롭게 발언할 수 있게 된다. 그러므로 비행 청소년들도 자기 생각을 조금씩 내비칠 수 있게 된다.

⬡ 성범죄를 저지른 소년들의 밸런스 게임

밸런스 게임은 성범죄 재발 방지 프로그램에도 포함되어 있다. 처음에는 앞선 예와 같이 무난한 주제로 시작하고, 분위기가 편해지면 성범죄를 주제로 한 토론으로 들어간다. 예시 문제로 살펴보자.

'한밤중에 여성이 미니스커트를 입고 혼자 돌아다니다가 성폭행을 당했다. 이 여성의 잘못일까 아닐까?'

잘못의 정도를 0%에서 100%까지 수치화하여 생각하게 한다. 이 여성이 전혀 잘못한 게 아니라면 0%, 모든 원인이 이 여성에게 있다면 100%이다. 만일 20%라고 대답했다면, 이 여성에게도 조금은 책임이 있다는 식이다. 그리고 왜 그러한 값을 골랐는지 이유도 듣는다. 이때 여러 이유를 통해 참가자들이 성에 대해 가지고 있는 다양한 기준과 가치관을 파악할 수 있다. 여성이 100% 잘못했다는 소년도 있었다. 자신이 저지른 성범죄의 원인이 오로지 상대방에게 있다고 생각하는 것이다. 이 이야기를 듣고 주변에서는 소년의 생각이 이상하다는 사실을 깨닫게 된다.

모범 답안은 없다. 만일 그룹의 리더나 진행자가 모범 답안을 제시하면 소년들은 그것을 정답이라고 생각해 자신의 생각을 말할 수 없게 되어버린다. 그러니 '답'과 같은 단어는 입에 올리지 않아야 한다. 이 게임은 어디까지나 여러 가지 의견을 들은 뒤에 마음을 움직이게 하는 것이 목적이다. 나아가 성과 관련된 문제 이외에도 다양한 문제를 논의하며 다른 사람과 자신의 가치관을 아는 데 무척 유효하다.

자신을 아는 사람은 얼마나 될까? 알고 있는 줄 알았는데 사실은 모르는 경우가 허다하다. 남에 대해서는 할 말이 많아도 정작 본인에 대해서는 무어라 할지 망설이는 사람도 많을 것이다. 물론, 스스로를 잘 안다고 자부하는 사람도 있을 수 있다. 하지만, 대부분은 나이를 먹으면서 자신의 한계를 알게 되고 이상과 현실의 차이를 확실히 깨닫는다. 심리학자 칼 융은 이를 가리켜 중년기 위기라고 했다. 자신의 현실에 직면하게 되면 어떤 기분일까? 자신을 안다는 건 사실은 괴로운 일이기도 하다.

나 자신을 알고 싶지 않다는 마음은 누구나 가지고 있다. 어떻게 보면 나를 안다는 건 무척 무서운 일인 까닭이다. 지피지기라는 말도 있는데, 사실은 그 반대다. 다른 사람에 대해서는 알고 싶어도, 나에 대해서는 알고 싶지 않은 마음이 이해를 어렵게 만드는 것은 아닐까?

비행 청소년들은 자기 자신을 똑바로 바라볼 수 있어야 한다. 하지만 준비 없이 자신을 직시한다면 마음을 닫아버릴 가능성도 있다. 이에 소년들이 자신을 마주하기 전에 우선 다른 사람의 모습을 보고 이해할 수 있도록 하는 것이 좋겠다는 생각을 했다. 여기서도 집단 지도는 유효했다.

그룹 토론을 해보면 다른 사람의 의견을 알게 되기도 하고, 다른 사람이 어떤 의견을 듣고 마을을 바꾸는지 등을 보며 다양한 사람들의 생각과 행동의 이유를 알 수 있게 된다. 반대로 자신의 의견을 말했을 때 주변에서 보이는 반응을 통해 본인이 어떤 사람이었는지 깨닫게 된다. 누군가와 비슷한 생각을 했다면 서로 닮은꼴일지 모른다고 여기기도 한다. 이처럼 여러 사람을 통해 자신이 가진 다양한 가치관을 발견하며 자신이 어떤 사람인지 하나씩 알아가게 된다.

나의 의견과 기분을 표현하는 일은 어렵다. 누군가가 지금 기분이 어떠냐고 물어봐도 대답하기 쉽지 않다. 진심을 얘기하지 않을 수도 있다. 안심하고 이야기할 수 있는 방법이나 시스템이 필요한 이유이며, 그중 하나가 이 밸런스 게임이다.

◈ 신체 훈련도 필요했다

의료 소년원의 비행 청소년들은 과거에 일을 열심히 했어도 손재주가 없다는 이유로 해고되거나 힘을 조절하지 못해 상해를 입히는 일이 많았다. 따라서 이들을 사회에 복귀시키려면 신체 능력의 향상이 필요하다고 생각하게 되었고 이는 신체적 능력이 떨어지는 아이들을 위한 훈련의 개발로 이어졌다.

'스포츠로 건전한 정신을 함양한다'라고 하지만 운동을 잘하지 못하거나 싫어하는 아이도 있다. 그렇다면 지금껏 학교에서는 신체적 능력이 부족한 아이들을 어떻게 가르쳤을까? 체육에는 체계적인 특별 지원 교육 등이 없었기 때문에 제대로 대처하지 못했다.

내가 근무했던 의료 소년원에도 신체 능력을 기르기 위한 프로그램이 있기는 했다. 그러나 들어본 적도 없고 인터넷에 찾아봐도 나오지 않았다. 제대로 된 교본이 아니라 누가 언제 만들었는지 모를 오래된 복사본만 있을 뿐이었다. 담당 교관은 교육의 목적이나 이론적 배경을 전혀 알지 못한 채 그 책자를 참고삼아 아이들을 가르쳐왔다.

소년원에 부임한 나는 제일 먼저 이 정체 모를 프로그램을 대신할 것을 만들어야겠다고 생각했다. 그래서 히로시마 대학에서 작업치료를 가르치고 있고 부족한 신체 능력과 인지 기능을 결부시켜 개선시키는 연구를 하는 나의 형에게 도움을 요청했다. 오사카의 다른 대학에 재직 중인 다른 작업치료사 두 명에게도 주에 한 번, 일 년간 소년원에 와달라고 부탁했다. 소년들이 어려워하는 부분의 특징을 관찰하면서 그들이 사회에서 육체노동을 하기 위해 필요한 프로그램을 조금씩 함께 만들어가기 시작했다. 이 것이 신체적인 인지 훈련인 '인지 작업 훈련'이다. 이 또한 다음 장에서 설명하겠다.

제4장

어려움을 겪는 아이들을 위한 구체적인 지원

"이번에는 아이들에게 등에 맨 페트병을 하나씩 꺼내게 한다. 무게가 줄어들면서 조금씩 몸이 편해지는 걸 느낀 아이들은 감정을 표출했을 때 얼마나 편해지는지를 알게 된다. 특히, 분노의 페트병은 단숨에 무게가 가벼워지므로 분노를 끌어안고 있는 것 자체가 무척 버거운 일이라는 사실을 깨달을 수 있다."

◈ 사회, 학습, 신체와 관련된 전방위적인 지원

이번 장에서는 앞 장에서 이야기한 지원 프로그램들을 구체적으로 소개한다.

비행 청소년뿐 아니라 아이들을 도우려면 무엇이 필요한지를 생각했을 때 제일 먼저 앞서 말한 세 가지를 떠올릴 수 있다. 즉 사회, 학습, 신체적인 지원이다. 보호자 지원이나 경제적 지원과는 별개로 이 세 가지 방법은 아이들을 직접 도울 방법이라고 할 수 있다.

어른은 최종적으로 아이들이 사회성을 익히기를 바란다. 그러니 아무래도 사회적인 지원에 눈길이 쏠릴 수밖에 없다. 하지만 아이들은 매일같이 공부하러 학교에 가고 건강하게 성장해야 한다. 학습적으로 공부를 따라가지 못하면 학교를 빼먹고 비행을 저지르기도 한다. 신체적 능력이 부족하다는 사실이 알려지면 체육 시간에 왕따를 당할 수도 있다. 학습, 사회, 신체적인 지원 모두를 소홀히 할 수 없는 이유이다.

오늘날 학교 교육은 이 세 가지에 어떻게 대응하고 있을까? 학습적인 면에서 교과 학습은 확실하게 교육시키고 있다. 다만 학습의 토대가 되는 외우고, 발견하고, 듣고, 상상하는 인지 기능을 체계적으로 지원하고 있다고 보기는 어렵다. 도덕(특별 교과), 종합적 학습 시간,[11] 특별활동 수업은 사회적인 지원에 해당한다. 하지만 도덕과 종합적 학습 등의 수업만으로 사회적인 면의 지원이 충분하다고 할 수 있을까? 아이들이 집단생활을 하면서 자연스럽게 몸에 익히는 게 최선이지만 발달상 핸디캡이 있다면 배우기 어

---

11 일본에서 2000년부터 모든 학교(초중고 및 특별 지원학교)에 단계적으로 도입된 학교 교육 개혁 과정. 학생들이 주체적으로 종합적인 과제 학습을 할 수 있는 시간이다.

려울 수 있다. 신체적인 면은 어떨까. 체육 수업 중 특별 지원 교육으로 볼 만한 체계적인 수업은 찾아보기 힘들다.

이처럼 오늘날의 학교 교육은 어려움을 겪는 아이들에 충분히 대응하기 어렵다. 이를 보완하기 위해 만든 것이 아래의 인지 훈련이다.

이 인지 훈련은 소년원에서 얻은 힌트를 바탕으로 아이들이 살아가는 데 필요한 잠재력을 키우는 지원 프로그램으로서 개발되었다. 인지 훈련 은 인지 ○○ 훈련(Cognitive ○○ Training)의 약자로(○○에는 순서대로 사 회, 증진, 작업이 들어간다), ① 사회면: 인지 사회 훈련(Cognitive Social Training: COGST), ② 학습면: 인지 증진 훈련(Cognitive Enhancement Training: COGET), ③ 신체면: 인지 작업 훈련(Cognitive Occupational Training: COGOT), 이 세 가 지 측면에서 이뤄지는 포괄적인 지원 프로그램이다.

그림 4-1 인지 훈련 개념도

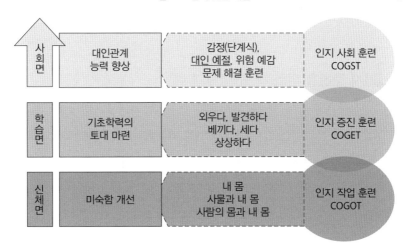

특별한 것은 없다. 그저 오늘날 어려움을 겪는 아이들을 위해 부족한 학교 교육을 보충하는 프로그램이다. 지금은 소년원과 같은 교정 시설보다는 학교 현장에서 아이들을 빠른 시기부터 도와줄 수 있도록 폭넓게 이용되고 있다.

마지막으로, 인지 훈련은 어려움을 겪는 아이들의 여섯 가지 특징과 연결되어 있다는 사실을 기억하길 바란다. 개요는 아래와 같다.

1 인지 기능이 취약하다 → 학습 인지 훈련

2 감정 통제가 취약하다 → 사회 인지 훈련

3 융통성이 없다 → 사회 인지 훈련

4 자기 평가가 부적절하다 → 사회 인지 훈련

5 대인 스킬이 부족하다 → 사회 인지 훈련

6 신체 능력이 떨어진다 → 신체 인지 훈련

1 인지 증진을 위한 '학습 인지 훈련'

학습 인지 훈련이란 인지 증진 훈련을 가리킨다. 이 훈련은 ① 외우기, ② 셈하기, ③ 베끼기, ④ 발견하기, ⑤ 상상하기, 이 다섯 가지로 구성된다.

[외우기]

첫 단어와 박수: 짧은 문장 두세 개를 읽어 준다. 아이들은 문장을 들으

면서 첫 단어만을 기억하고, 동물의 이름이 나왔을 때 손뼉을 치는 방식의 훈련이다. 언제 동물의 이름이 나오는지 모르니 주의를 기울이며 들어야 한다. 이 문제는 첫 단어를 외우면서 다른 것에도 주의를 기울여 청각(언어성) 작업 기억을 훈련하는 것이 목적이다.

예시

<u>원숭이</u> 집에는 커다란 인형이 있었습니다.

재빠른 <u>고양이</u>가 고타쓰[12] 안으로 들어가려 했습니다.

모래성을 무너뜨리려고 <u>개</u>가 달려들었습니다.

답: 원숭이, 재빠른, 모래성 (밑줄 친 원숭이, 고양이, 개가 나오면 손뼉 치기)

마지막 단어와 박수: 단어 몇 개로 구성된 세트를 두어 세트 정도 읽어 준다. 아이는 문장을 들으면서 마지막에 나오는 단어만을 외우되 동물의 이름이 나오면 손뼉을 친다. 어디서 문장이 끝나는지 알 수 없으므로 주의하면서 들어야 한다.

이 문제는 마지막에 나오는 단어를 항상 갱신하면서 외워 청각(언어성) 작업 기억을 훈련하는 것이 목적이다. '첫 단어와 박수'와는 달리 마지막 단어를 외워야 한다.

---

12 일본의 실내 난방시설.

예시

차 쥐

돼지 말 잡지 색연필

장례식 박쥐 가위

답: 쥐, 색연필, 가위 (밑줄 친 쥐, 돼지, 말, 박쥐에서 손뼉 치기)

무엇이 먼저일까?: 크고 작음, 가볍고 무거움, 멀고 가까움과 같이 반대되는 개념이 들어간 문장을 읽고 무엇이 먼저인지 알아내는 문제다. 크기나 무게의 순서를 외우면서 들어야 하므로 주의가 필요하다.

예시

기린의 집은 코끼리의 집보다 크다.

사자의 집은 기린의 집보다 크다.

가장 작은 집에 사는 건 누구일까?

답: 코끼리

문장을 이해해 외우고 대답하면서 문장 독해력과 청각(언어성) 작업 기억을 훈련하는 것이 목적이다. '첫 단어와 박수'나 '마지막 단어와 박수'에서는 읽는 문장의 내용을 이해할 필요는 없었지만, '무엇이 먼저일까?'는 문장을 이해하고 외워야 한다. 이는 사람의 이야기를 듣고 이해하는 힘을 기르게 한다. 제대로 외울 수 있는 방법을 연구하는 일 또한 중요하다. 단체로 할 때는 다른 사람의 뛰어난 암기 방법도 참고할 수 있다.

뭐가 있었을까?: 어떤 도형을 일정 시간 보여준 뒤 거기에 무엇이 있었는지 떠올리며 그림을 그리게 한다. 이 문제는 시각적 단기 기억 훈련이 목적이다. 도형의 모양을 확실하게 파악하거나 칠판에 옮겨 그릴 때 꼭 필요한 힘을 기르게 해준다.

> **예시**
>
> 이 도형(그림 4-2)을 10초간 보여준다. 종이를 뒤집고 그림을 떠올리며 그리게 한다.

어려워 보이지만, 그림을 파악하는 방법을 익히면 외우기 쉬워진다. '왼쪽 그림은 홈베이스의 끝이 오른쪽을 향하고 있다', '오른쪽 그림은 사다리꼴이 두 개 겹쳐져 있는데 안쪽 도형과 바깥쪽 도형의 방향이 반대다'와 같은 식이다. 외우는 방법을 다양하게 마련해보는 것도 훈련 중 하나다.

[셈하기]

기호 찾기: 태양, 달, 개의 얼굴 등 다양한 기호가 들어있는 사각형 안에서 사과 기호만 빠

그림 4-2 '뭐가 있었을까?'

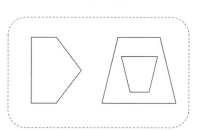

출처: 『인지 훈련, 보기 · 듣기 · 상상하기를 위한 인지 증진 훈련コグトレ　みる・きく・想像するための認知機能強化トレーニング』(미와쇼텐)

르게 체크하면서 수를 센 뒤, 괄호 안에 그 개수를 기입한다(그림 4-3). 다만, 사과의 왼쪽에 특정 기호(아래 예에서는 구름, 물고기, 음표)가 있으면 표시하지 않는다. 이 훈련은 집중해서 수를 센다는 지속적인 주의력과 규칙에 맞게 주의를 전환하는 힘을 동시에 훈련하는 목적을 가지고 있다.

그림 4-3 '기호 찾기'

사과의 수를 세면서 빠르게 사과에 √ 하도록 하자.
다만, 사과의 왼쪽에 아래와 같은 기호가 있다면 세지 말고 √ 도 하지 않는다.

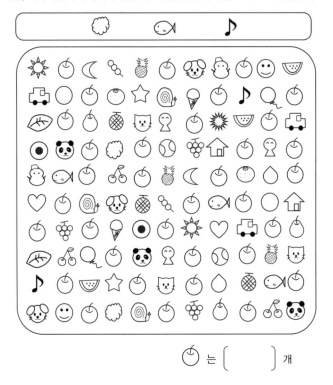

출처: 『인지 훈련, 보기·듣기·상상하기를 위한 인지 증진 훈련コグトレ　みる・きく・想像するための認知機能強化トレーニング』(미와쇼텐)

78

비행 청소년 중에는 머리로는 알고 있지만 눈앞에 갖고 싶거나 만지고 싶은 것이 있으면 참지 못해 범죄를 저지르는 경우가 있다. 보통의 아이들도 무언가 주의해야 하거나 위험하다면 그 즉시 멈추고 다른 행위로 전환해야 한다. 검증되지는 않았지만, 꾸준한 제동 및 행위의 전환은 충동에 휩쓸리지 않고 자신의 행동을 통제하는 연습이 될 것으로 기대된다.

가나다 산수: 이는 계산 문제이지만(그림 4-4) 단순한 계산 문제가 아니다. 3+5='가', 4+2='나'처럼 계산식들의 답이 글자와 연결되어 있다. 3+5=8처럼 먼저 계산한 뒤, 아래에서 답에 해당하는 8 옆의 괄호 안에 '가'라고 쓴다. 즉, 일단 식을 푼 뒤 이에 해당하는 글자를 옮겨 적는 작업을 늘려가는 것이다.

시험을 치를 때는 답을 잘못 옮겨 적어 문제를 틀리는 아이가 많다. 이 문제는 이러한 실수를 줄이기 위해 만들었다. 또한, 기억하면서 재빨리 계산하는 일을 통해 작업 기억의 향상도 꾀할 수 있다.

찾아서 더하기: 학교에서 내는 계산 문제는 5+6=11, 4+7=11 등 대체로 일방적인 계산이 많다. '찾아서 더하기'는 합이 11이 되는 두 숫자의 조합을 머릿속으로 기억하면서 이 두 숫자를 찾아 동그라미를 치는 식의 문제다(그림 4-5). 계산 문제가 잔뜩 담긴 산수 문제집을 '좋아하는' 아이는 많지 않다. '찾아서 더하기' 또한 문제 자체는 계속 암산해야 하므로 그 방식 자체는 산수 문제집과 크게 다르지 않다. 다만, 이 문제는 답을 찾아 동그라미만 치면 되니, 아이들이 보다 의욕적으로 많은 산수 문제를 풀게 할 수 있다.

그림 4-4 '가나다 산수'

계산의 답과 같은 숫자에 해당하는 괄호에 한글을 기입하시오.

가	3+5	루	9+9	오	5+5
거	4+2	마	3+9	우	7+6
고	6+8	머	2+5	자	7+8
구	1+4	모	6+7	저	6+5
나	2+1	무	4+5	조	1+3
너	8+4	바	3+8	주	3+2
노	4+6	버	1+5	차	6+3
누	6+9	보	9+5	처	5+8
다	7+4	부	4+4	초	3+3
더	2+6	사	9+8	추	9+6
도	7+9	서	8+8	카	7+7
두	3+7	소	9+7	커	4+7
라	2+2	수	8+7	코	5+2
러	5+4	아	8+4	쿠	6+1
로	8+9	어	7+2	파	4+9

3 ( )

4 ( )( )

5 ( )( )

6 ( )( )( )

7 ( )( )( )

8 ( )( )( )

9 ( )( )( )( )

10 ( )( )( )

11 ( )( )( )( )

12 ( )( )( )

13 ( )( )( )( )

14 ( )( )( )

15 ( )( )( )( )

16 ( )( )( )

17 ( )( )

18 ( )

출처: 『인지 훈련, 보기 · 듣기 · 상상하기를 위한 인지 증진 훈련コグトレ　みる・きく・想像するための認知機能強化トレーニング』(미와쇼텐)

그림 4-5 '찾아서 더하기'

□안에 있는 숫자를 가로, 세로, 대각선으로 조합했을 때 그 합이 11이 되는 것을 찾아 ○로 표시하시오.

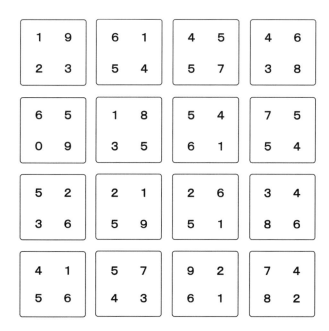

출처: 『인지 훈련, 보기 · 듣기 · 상상하기를 위한 인지 증진 훈련コグトレ　みる・きく・想像するための認知機能強化トレーニング』(미와쇼텐)

그림 4-5에서는 5와 6, 4와 7, 3과 8, 2와 9와 같이 합이 11이 되는 숫자 조합을 떠올리면서 찾으면 된다. 이러한 과정을 통해 작업 기억의 힘이 길러지며, 재빨리 숫자를 발견할 수 있도록 시간을 관리하는 속도도 익힐 수 있다.

나아가 칸이 늘어나면 조합을 발견할 수 있는 효율적인 방법을 찾아야 한다. 1이라는 숫자는 10과 조합해야만 그 합이 11이 된다. 다만, '찾아서 더하기'는 한 자리 숫자만 사용한다. 따라서 두 자리 숫자와 더해야 하는 1

은 처음부터 제외할 수 있다. 필요 없는 숫자는 처음부터 생략한다는 방법을 찾아낸다면 계획하는 힘도 기를 수 있다.

이처럼 찾아서 더하기에서는 암기력, 작업 기억, 속도력, 계획력, 이 네 가지 힘이 동시에 단련되리라 기대할 수 있다.

문제를 조금 더 어렵게 낼 수도 있다. 4×4의 칸을 만들어 '가로, 세로, 대각선으로 이웃하고 있는 세 숫자를 더한 합이 15가 되는 것이 하나 있다. 이를 찾아서 동그라미를 치시오'라는 질문에 답하는 심화 문제라고 할 수 있다. 점점 더 효율적으로 찾아내기 위해 계획하는 힘이 필요해진다.

[베끼기]

점 잇기: 글자를 배울 때는 먼저 글자를 공책에 베껴 적어야 한다. 판서를 옮겨 적을 때도 시각 인지의 힘이 필요하다. 이처럼 학습의 기본은 모방에서 시작한다. 점 잇기는 위에 제시한 그림과 똑같이 되도록 아래의 점을 잇는 문제다(그림 4-6). 제시된 그림을 정확하게 베끼는 연습을 하며 시각 인지의 기초적인 힘을 쌓는 것이 목적이다. 단순히 점을 잇는 것만이 아니라 어떻게 해야 실수하지 않고 점을 이을 수 있는지도 생각하게 한다.

한 중학교의 일반 학급에서 이 '점 잇기' 문제를 풀게 했더니, 약 15%의 아이들이 실수했다는 결과도 있다. 고등학교 입학을 앞둔 아이들조차 일부는 제대로 옮겨 그리지 못했다. 이러한 아이들은 조기 발견해 지원해야 한다. 자녀의 인지 기능이 걱정된다면 일단 이 '점 잇기' 문제부터 시작해보기를 추천한다.

그림 4-6 '점 잇기'

위의 그림과 똑같아지도록 아래에 점을 이어 그리시오.

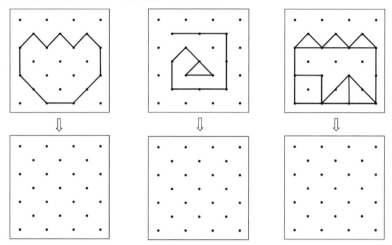

출처: 『인지 훈련, 보기 · 듣기 · 상상하기를 위한 인지 증진 훈련コグトレ　みる・きく・想像するための認知機能強化トレーニング』(미와쇼텐)

기호 변환: 위의 칸에 있는 기호를 규칙에 따라 바꾸어 아래 칸의 같은 위치에 옮겨 적는다(그림 4-7). 위치 관계를 이해하면서 옮겨 적는 힘을 기르기 위한 목적이다. 단순히 옮겨 적는 게 아니라 기호의 변환(▲ → □, ○ → × 등)이라는 규칙이 들어가므로 훨씬 주의해야 한다.

거울상 그리기: 도형이 거울이나 수면을 마주하고 있다. 그 도형이 거울과 수면에 비쳤을 때 어떻게 보일지를 정확하게 그린다(그림 4-8). 상상력을 동원해 옮겨 그리는 힘을 기르기 위한 문제다. 잘 모르겠다면 직접 거울에 비춰봐도 좋다.

그림 4-7 '기호 변환'

위의 칸 안에 있는 기호를 ⇩ 안에 있는 규칙에 따라 다른 기호로 바꾸어 아래 칸에 옮겨 적어보자.

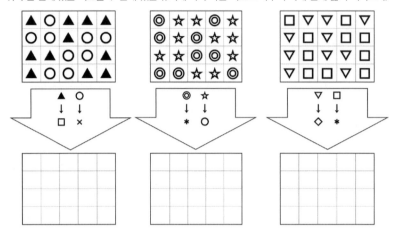

출처: 『인지 훈련, 보기 · 듣기 · 상상하기를 위한 인지 증진 훈련コグトレ　みる・きく・想像するための認知機能強化トレーニング』(미와쇼텐)

그림 4-8 '거울상 그리기'

가운데에 있는 두 그림이 거울과 수면에 비치면 각각 어떻게 보일까? 상상해서 그려보자.

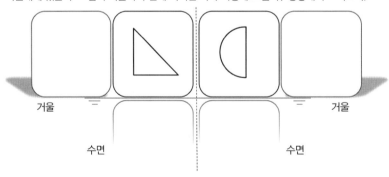

출처: 『인지 훈련, 보기 · 듣기 · 상상하기를 위한 인지 증진 훈련コグトレ　みる・きく・想像するための認知機能強化トレーニング』(미와쇼텐)

빙글빙글 별자리: 인지 훈련의 특징적인 문제 중 하나다. 위의 별자리를 아래에 그대로 베껴 그리는 문제(그림 4-9)로 그림에 있는 하얀 동그라미(○)와 검은 동그라미(●)를 이어 별자리 모양을 만들어간다. 이 '별자리'는 반드시 별(★)에서 시작한다. 이 그림 아래에 있는 ○와 ●를 이어 위의 그림에 있는 별자리를 재현한다.

다만, 아래의 기호들은 회전되어 있다. 따라서, 일단은 시작점이 되는 ★ 기호부터 찾은 뒤 위에 있는 동그라미의 위치를 참고해 어떻게 회전되었는지를 이해하면서 베껴 그려야 한다. 이 문제를 풀면서 논리적인 판단력을 키울 수 있을 것으로 기대된다.

그림 4-9 '빙글빙글 별자리'

위의 별자리와 똑같아지도록 아래의 ★, ○, ●을 선으로 이어보자.

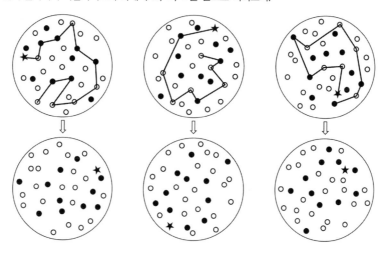

출처: 『인지 훈련, 보기 · 듣기 · 상상하기를 위한 인지 증진 훈련コグトレ　みる・きく・想像するための認知機能強化トレーニング』(미와쇼텐)

[발견하기]

모양 찾기: 무작위로 점이 배치된 사각형 안에서 지정된 모양(정사각형, 정삼각형 등)을 찾아 선으로 잇는 문제다(그림 4-10).

이 훈련은 '형태 항상성'의 습득이 목적이다. 형태 항상성이란, 어떠한 모양, 예를 들면 정삼각형이라는 모양은 어떠한 각도에서 보아도 정삼각형 이라고 인식할 수 있는 것을 뜻한다.

그림 4-10 '모양 찾기'

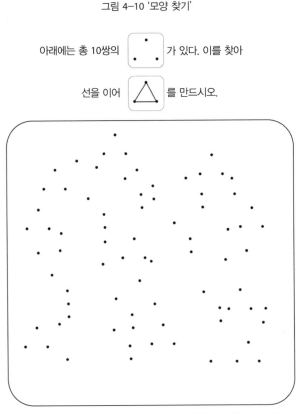

출처: 『인지 훈련, 보기 · 듣기 · 상상하기를 위한 인지 증진 훈련コグトレ みる · きく · 想像 するための認知機能強化トレーニング』(미와쇼텐)

같은 그림 찾기: 여러 장의 그림 속에서 같은 것을 두 개 찾는 문제다(그림 4-11). 공통점, 차이점을 파악하는 힘을 기르려는 목적이 있다. 두 장의 그림이 다르면 그 조합은 정답이 아니다. 이러한 소거법을 반복하면 두 장의 그림을 찾아낼 수 있다. 이러한 힘은 그림의 패턴을 인식하거나 나열된

그림 4–11 '같은 그림 찾기'

아래의 여덟 장의 그림 중에 완전히 똑같은 그림이 두 장 있다. 이 두 장의 그림을 찾아 아래의 [   ] 안에 번호를 적으시오.

답 [   ] 와 [   ]

(답 ④와 ⑦)

출처: 『인지 훈련, 보기 · 듣기 · 상상하기를 위한 인지 증진 훈련コグトレ　みる・きく・想像するための認知機能強化トレーニング』(미와쇼텐)

숫자에서 어떠한 패턴을 발견하거나 또는 사람의 얼굴과 표정을 구분하는 데 도움이 된다.

[상상하기]

스탬프 찍기: 아래의 선택지 중에서 위의 스탬프(도장)를 찍고 난 뒤의 그림을 고른다(그림 4-12). 거울에 비친 모습을 상상하는 힘을 기를 수 있다. 하나의 시각 정보로부터 다른 정보를 상상하는 이 훈련은 공간을 인식과 관련된 도형 문제를 풀거나 지도를 보는 데 도움이 된다.

구멍 위치 찾기: 종이를 두어 번 접어 펀치로 구멍을 뚫은 다음 종이를 펼쳤을 때의 모습을 대답하는 식의 전개도 상상하기 문제다(그림 4-13). '스탬프 찍기'와 마찬가지로 거울에 비친 모습을 상상하는 힘을 기를 수 있다. '스탬프 찍기'보다 정보의 양이 많으므로 난도는 올라간다.

[심적 회전] '이 그림은 당신의 눈에 비치는 모습이다. 주변에 있는 개, 소, 토끼의 눈에는 어떻게 보일까?'라는 문제다(그림 4-14). 심적 회전(mental rotation) 능력으로 상대방의 눈에는 어떻게 보이는지 머릿속으로 상상해야 하므로 어떠한 사물을 다른 시점으로 생각하는 자세를 익힐 수 있다. 검증이 필요한 방법이지만, 상대방의 기분을 이해하는 데 도움이 될 것으로 기대된다.

그림 4-12 '스탬프 찍기'

A, B는 그림이 새겨진 스탬프의 바닥 모양이다. 보기 1~4 중 스탬프를 찍었을 때의 모습을 고르시오.

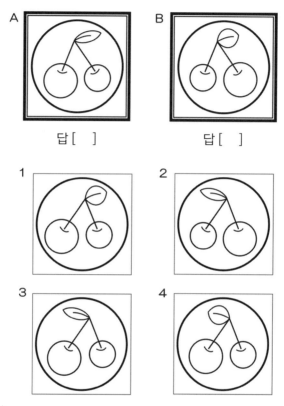

(답 A: 2, B: 4)

출처:『인지 훈련, 보기 · 듣기 · 상상하기를 위한 인지 증진 훈련コグトレ　みる・きく・想像するための認知機能強化トレーニング』(미와쇼텐)

그림 4-13 '구멍 위치 찾기'

아래와 같이 종이를 접고 A, B, C와 같이 구멍을 뚫었다. 접은 종이를 펼치면 어떻게 될까?
1~9 중 맞는 것을 골라 괄호 안에 기입하시오.

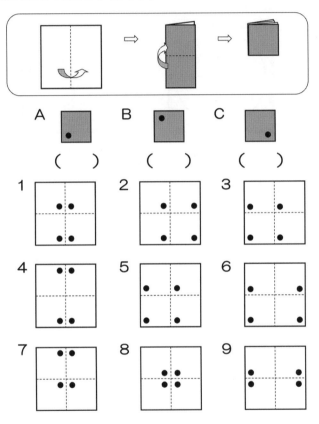

(답 A: 8, B: 4, C: 9)

출처: 『인지 훈련, 보기·듣기·상상하기를 위한 인지 증진 훈련コグトレ　みる・きく・想像
するための認知機能強化トレーニング』(미와쇼텐)

그림 4-14 '심적 회전'

개, 소, 토끼의 눈에는 가운데에 있는 입체 도형이 어떻게 보일까? 각각에 해당하는 그림에 선을 그으시오.

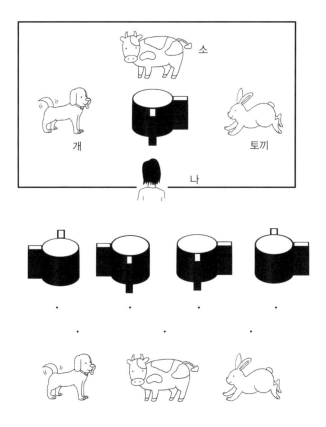

출처: 『인지 훈련, 보기 · 듣기 · 상상하기를 위한 인지 증진 훈련コグトレ　みる・きく・想像するための認知機能強化トレーニング』(미와쇼텐)

순위 결정전: '개와 소가 경주했더니 개가 빨랐다', '토끼와 개가 경주했더니 토끼가 빨랐다'와 같은 정보를 주고 개, 소, 토끼의 속도의 종합 순위를 매긴다. 각각의 관계성을 이해하면서 논리적으로 사고하는 방법의 기초를 훈련할 수 있다(그림 4-15). 문제에서 일단 가장 빠른 것(또는 가장 느린 것)이 무엇인지를 찾으면 순위를 쉽게 파악할 수 있다.

이야기 만들기: 순서가 섞여 있는 그림을 이야기의 타임라인에 맞게 다시 정렬하는 문제다(그림 4-16). 그림 안에 숨겨진 시간의 전후를 알 수 있는 힌트를 발견해 푼다. 시간의 개념과 논리적인 사고를 키울 수 있다.

이상으로 학습 인지 훈련의 일부를 소개했다. 이밖에도 글자 연습을 병행하면서 인지 기능을 키울 수 있는 '글자 인지 훈련' 등이 있다.

2 사회 인지력을 높이는 '인지 사회 훈련'

지금부터는 사회 인지를 향상시키는 방법을 알아보자. 이를 위한 인지 사회 훈련은 사회를 살아가는 데 필요한 대인관계 능력을 배우기 위한 훈련으로, 다양한 상황을 예시로 든다. '단계식 감정 훈련', '대인 예절 훈련', '위험 감지 훈련', '단계식 문제 해결 훈련', 이렇게 크게 네 가지로 구성되며 차례로 설명하겠다.

① 단계식 감정 훈련

감정을 단계별로 다루어 효과적으로 통제하는 힘을 기른다.

그림 4-15 '순위 결정전'

동물들이 달리기 경주를 했다. 수상대의 순위를 보고 달리기가 가장 빠른 순서대로 번호를 매기시오.

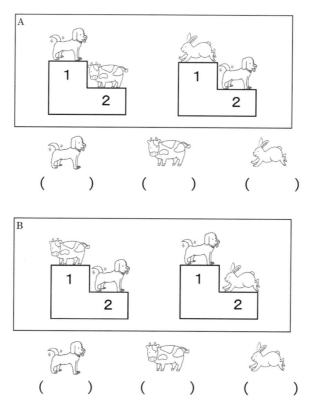

(답 A는 왼쪽에서부터 2, 3, 1   B는 왼쪽에서부터 2, 1, 3)

출처: 『인지 훈련, 보기 · 듣기 · 상상하기를 위한 인지 증진 훈련コグトレ　みる・きく・想像するための認知機能強化トレーニング』(미와쇼텐)

그림 4-16 '이야기 만들기'

아래의 그림 1~5를 이야기의 순서대로 괄호 안에 기입하시오.

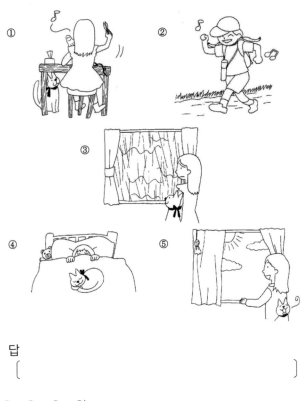

답

$$\left[\right]$$

(답 ③ → ① → ④ → ⑤ → ②)

출처: 『인지 훈련, 보기·듣기·상상하기를 위한 인지 증진 훈련コグトレ　みる・きく・想像するための認知機能強化トレーニング』(미와쇼텐)

② 대인 예절 훈련

대인관계 능력을 향상시키기 위해 그 기초가 되는 대인 예절 능력(인사, 감사, 사과, 부탁, 거절 등)을 끌어올린다.

③ 위험 감지 훈련

아이들이 스스로를 지킬 수 있도록 사전에 다양한 위험을 감지할 수 있는 힘을 기른다.

④ 단계식 문제 해결 훈련

어떠한 문제가 발생했을 때, 몇 가지 해결책을 예시로 들어 직접 해결하는 힘을 단계적으로 기른다.

[단계식 감정 훈련]

감정을 효과적으로 통제하기 위한 훈련이다. 느닷없이 자신의 기분을 들여다보게 되면 상당히 부담스러워하므로, 아이가 어려워하지 않게 단계적 접근 방법을 연구했다. 훈련은 다른 사람의 감정의 이해, 감정 표현의 동기 부여, 자기감정의 표현과 통제, 그리고 그 응용의 순서로 진행되며 총 다섯 가지로 구성되어 있다.

◈ **다른 사람의 감정 이해하기:**

1. '이 사람은 어떤 기분일까?' 다양한 표정을 가진 인물의 일러스트를 보고 그 인물의 기분을 추측한다(그림 4-17). 자신의 기분을 다루기 전에 다

그림 4-17 '이 사람은 어떤 기분일까?'

출처: 『하루 5분! 교실에서 할 수 있는 인지 훈련1日5分!教室で使えるコグトレ』(도요칸출판사)

른 사람의 표정과 상황을 읽는 연습을 하면 감정을 표현하는 일에 익숙해진다. 정답은 없으니 자유롭게 표현하게 하자. 그룹원들과 다 같이 발표를 해도 좋다. 하나의 표정에도 다양한 견해가 있다는 사실을 알게 될 것이다.

2. '이 사람들은 어떤 기분일까?' 한 사람의 표정을 보며 연습한 다음에

는 여러 사람이 그려진 일러스트를 보며 무슨 일이 있었고, 각각 어떤 기분인지를 상상해본다. 그 사람들의 관계성과 상황까지 상상해야 하므로 난도는 올라간다(그림 4-18). 하지만, 잘 생각해보면 아이들은 학교에서 이미 집단생활을 하고 있다. 사이가 나쁜 A와 B가 친해 보인다면 그 이유를 빨리

그림 4-18 '이 사람들은 어떤 기분일까?'

출처: 『하루 5분! 교실에서 할 수 있는 인지 훈련1日5分!教室で使えるコグトレ』(도요칸출판사)

깨닫고 신속하게 대응하는 고도의 기술을 펼친다. 만일 그러한 상황을 파악하지 못하면 집단생활에도 문제가 생길 수 있으므로 이를 연습하는 것이다. 이 훈련 또한 그룹 단위로 시행해 다른 친구들은 어떻게 생각하는지를 들어보아도 좋다.

일단은 일러스트에 그려진 사람들의 시선이 어디를 향하고 있는지, 그리고 어떠한 표정을 짓고 있는지, 이것부터 확인하면서 생각하게 하는 데 중점을 두도록 하자.

◈ 감정 표현의 동기부여:

3. '감정의 페트병' 감정을 표현해야 하는 이유를 배운다. 이른바 동기부여의 교재라 할 수 있다(그림 4-19).

나는 성과 관련된 문제 행동에 대처하는 법을 배우기 위해 미국의 오클라호마 대학을 방문한 적이 있다. 그때 표정이 그려진 '감정 캔'이라는 것

그림 4-19 '감정의 페트병'

출처: 『만화 인지 훈련 입문マンガ コグトレ入門』(쇼가쿠칸)

을 봉지에 넣어 등에 매고 다니는 것을 보면서 힌트를 얻었다. 캔 대신 페트병을 사용하면 쉽게 준비할 수 있고 심지어 물의 무게를 조절할 수도 있다.

우선 페트병을 여러 개 준비하고 여기에 '기쁨', '외로움', '불안', 그리고 '분노'와 같은 감정을 적어 붙인다. '분노'는 2L, 나머지는 500ml짜리로 준비한다. 그리고 '기쁨' 이외의 페트병에는 모두 물을 담는다. 이 페트병들은 봉투에 넣고 아이들에게 짊어지게 해 그 무게를 느끼게 하는 것이다. 이는 감정을 토해내지 않고 삼켰을 때의 괴로움을 체감하게 한다. 여기까지는 '감정 캔'과 동일하지만 나는 한 발 더 나아가 새로운 방법을 추가했다.

이번에는 아이들에게 등에 맨 페트병을 하나씩 꺼내게 한다. 무게가 줄어들면서 조금씩 몸이 편해지는 걸 느낀 아이들은 감정을 표출했을 때 얼마나 편해지는지를 알게 된다. 특히, 분노의 페트병은 단숨에 무게가 가벼워지므로 분노를 끌어안고 있는 것 자체가 무척 버거운 일이라는 사실을 깨달을 수 있다.

이다음이 더 중요하다. 만일 '분노'의 페트병을 상대방에게 던져 상처를 입혔다면 어떻게 될까? 틀림없이 상해 사건으로 번질 것이다. 그러니, '분노'의 페트병은 선생님이나 부모에게 얌전히 건네주라고 이야기한다.

◈ 자기감정의 표현과 통제:

4. '다르게 생각하기.' 여기서는 자기감정을 다룬다. '다르게 생각하기'라는 종이에 자신이 '싫다고 생각한 일'을 적고 이에 대한 기분의 정도를 퍼

센티지로 표현한다. 그 후, 싫은 정도를 40% 아래로 떨어뜨릴 수 있는 '다른 사고방식'을 생각해 워크시트에 적게 한다(그림 4-20).

그림 4-20 '다르게 생각하기'

다르게 생각하기

9월 13일   **장소 · 장면** (학교 복도)

무슨 일이 있었는가?

A를 지나칠 때, A가 내 얼굴을 보며 히죽거렸다.

당신은 어떻게 했는가? 어떻게 생각했는가?

째려봤다. 날 바보 취급하고 있는 게 분명하다.

어떤 기분이었나? 세기는 어느 정도였나?

기분: 화남   세기   70 %

	다른 생각	기분	%	감상
생각 ①	언젠가 되갚아 주겠어.	화남	75	더 화가 났다.
생각 ②	그런 얼로 화를 내봤자다. 참자. 무시하자.	화남	40	하지만, 다시 생각하니 화가 났다.
생각 ③	나를 비웃은 게 아니라 다른 생각을 하다가 웃음이 났을지도 모른다.	화남	10	나도 어떤 생각을 하다가 혼자서 웃을 때가 있다.

출처: 『하루 5분! 교실에서 할 수 있는 인지 훈련1日5分!教室で使えるコグトレ』(도요칸출판사)

학교 복도에서 반 친구가 나를 보고 히죽거렸다. 나를 바보 취급해서 웃은 거라고 생각하니 화남의 세기는 70%(100이 되면 싸우려고 덤비는 정도)가 되었다. 이때, 아이에게 다른 관점에서 생각해보도록 한다. 어쩌면 다른 생각을 하다가 웃은 건 아니었을까? 만일 그렇다면 화남의 정도는 40% 이하로 내려갈 수도 있다. 이처럼, 하나의 관점에서만 생각하지 말고 다른 생각도 해보면 화가 누그러들게 된다.

만일 달리 생각이 떠오르지 않는다면 다른 친구들에게도 아이디어를 요청해보자. 대체로 남을 탓하면 좀처럼 화가 사그라들지 않는다. 자기 잘못이 있었던 건 아닌지 반성하거나 다른 사람의 입장을 생각해본다면 화가 누그러드는 일이 많다. 다른 이를 탓하는 생각만 한다면 자신에게도 잘못이 없는지 돌아볼 수 있는 힌트를 주도록 하자.

◈ 응용:

5. 배려 훈련 '고민 상담소' 마지막으로 응용단계다. 한 아이가 두 명의 반 친구에게 자신의 고민을 이야기했다. 이를 들은 두 사람은 각자 나름의 조언을 한다. 한 사람은 낙심하거나 슬퍼할 법한 조언을, 다른 한 사람은 용기를 북돋아 주는 조언을 하도록 설정한다. 그리고 각자가 어떤 조언을 했는지 생각하게 한다(그림 4-21).

이 예에서는 A가 B와 C라는 두 남자아이에게 친구를 사귀기 어렵다고 털어놓는다. 그러자 B는 "멍하니 있으니까 그렇지. 그러면 누가 너랑 친해지고 싶어 하겠어?"라고 말했다. 그래서 A는 "B에게 이야기하지 말걸." 하

그림 4-21 배려 훈련 '고민 상담소'

A는 고민이 있다.

전학 온 학교에서 아직도 친구를 사귀지 못했어. 쉬는 시간에는 혼자 멍하니 있기만 해. 다른 친구들은 다들 신나게 떠들고 있는데 말이야. 어떻게 해야 친구를 사귈 수 있을까?

A는 B와 C에게 고민을 털어놓았다. A는 B의 말에 낙담했고, C의 말에 마음이 편해졌다. B와 C는 각각 어떤 말을 했을까? 생각해서 적어보도록 하자.

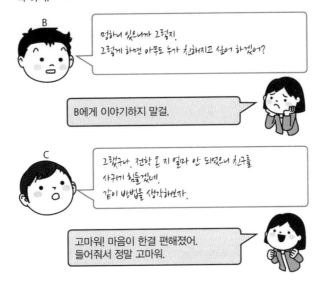

멍하니 있으니까 그렇지.
그렇게 하면 아무도 누가 친해지고 싶어 하겠어?

B에게 이야기하지 말걸.

그랬구나. 전학 온 지 얼마 안 되었으니 친구를
사귀기 힘들겠네.
같이 방법을 생각해보자.

고마워! 마음이 한결 편해졌어.
들어줘서 정말 고마워.

출처: 『사회적 인지 훈련, 인지 사회 훈련 1社会面のコグトレ　認知ソーシャルトレーニング1』(미와쇼텐)

고 후회했다.

　한편, C는 "그랬구나. 전학 온 지 얼마 안 되었으니 친구를 사귀기 힘들겠네. 같이 방법을 생각해보자."라고 말했다. A는 "고마워! 마음이 한결 편해졌어. 들어줘서 정말 고마워." 하고 웃으며 대답한다.

여기서는 조언이 아니라 일단 상대방의 마음을 헤아리는 일이 중요하다는 사실을 깨닫게 해야 한다. 상대방이 어떤 기분일지 헤아리고 그 아이의 괴로움을 공감할 수 있는 힘을 키우면 된다.

어디까지 상대방에게 공감할 수 있느냐가 핵심이다. 그러기 위해서는 자신이 겪었던 비슷한 일을 떠올려보고, 그때 어떤 조언을 받고 싶었는지 쓰게 하면 좋다. 자신의 고민을 해결하는 방법은 제대로 떠오르지 않더라도 다른 사람에게 하는 조언은 의외로 잘 떠오르기도 한다. 여기서는 아이들의 그러한 모순을 눈치챘어도 지적하지 말고 조언했다는 사실을 칭찬해준다.

[대인 예절 훈련]

대인관계 능력의 향상을 위해 그 기초가 되는 대인 예절 능력을 키우려는 훈련이다. 이 훈련은 크게 두 가지로 나뉜다.

- 자기 특성 파악하기
  과거와 미래의 나와 편지 교환하기, 인생 그래프
- 다른 사람을 대하는 방법 배우기
  '부탁하기', '사과하기', '거절하기' 등

우선, '자기 특성 파악하기'로 자기의 특성을 깨닫게 한다. 이는 제2장에서 소개한 어려움을 겪는 아이들의 특징 중 '자기 평가가 부적절하다'와 연결되는 훈련으로, 적절한 자아상(self-image)을 배우게 한다. 다음의 두 가지 방법이 있다.

과거와 미래의 나와 편지 교환하기: 미래(수개월 후)의 나에게 편지를 쓰고(그림 4-22), 수개월 후 그 편지를 읽으며 과거의 나는 어떻게 느꼈는지, 과거의 나에게 조언할 것은 없는지 생각하게 한다. 그리고 과거의 나에게

그림 4-22 과거와 미래의 나와 편지 교환하기 ①

지금부터 신학기(1학기)가 시작됩니다. 한 학기 동안 어떤 학교생활을 보내고 싶은가요? 목표를 적어봅시다.

1학기 목표

1학기에는 많은 일이 일어날 겁니다. 1학기가 끝나 여름방학에 들어가기 전의 나에게 편지(1학기를 끝낸 나에게)를 써봅시다.

1학기가 끝난 나에게

1학기를 시작하는 내가   월   일

출처: 『하루 5분! 교실에서 할 수 있는 인지 훈련 1日5分! 教室で使えるコグトレ』(도요칸출판사)

답장한다(그림 4-23). 예를 들면 1학기를 시작할 때 학기 목표와 '1학기가 끝난 나'에게 보내는 편지를 쓴다. 학기를 종료할 때 '목표의 평가와 그 이유', ''1학기가 끝난 나'에 대한 감상', ''1학기를 시작하는 나'에게 답장하

그림 4-23 과거와 미래의 나와 편지 교환하기 ②

> 1학기도 막바지에 이르렀습니다. 이제 곧 여름방학입니다. 학기 초에 세웠던 목표와 '1학기가 끝난 나'에게 보냈던 편지를 읽어봅시다.

> 학기 초에 세웠던 목표는 달성했나요? 아래의 보기에 ○를 쳐봅시다.
>
> 달성했다   보통이다   달성하지 못했다

> 그 이유는 무엇인가요?

> '1학기가 끝난 나'에게 보낸 편지를 읽고, 그 감상을 작성해 봅시다.

> '1학기가 끝난 나'에게 편지를 썼던 '1학기를 시작하는 나'에게 답장을 써봅시다.

1학기를 시작하는 나에게

출처: 『하루 5분! 교실에서 할 수 있는 인지 훈련1日5分!教室で使えるコグトレ』(도요칸출판사)

기'를 하는 것이다. 학기 때마다 이를 반복하다 보면 자신의 특성을 조금씩 깨닫게 된다. 과거의 나에게 부끄러움을 느끼고 '2학기를 시작'하는 나에게는 덤덤하게 편지를 쓸 수 있다면 목적은 달성이다.

인생 그래프: 무슨 일 때문에 괴로웠고 지금은 그에 대해 어떻게 느끼는지를 생각하면서 자기 기분을 다시 살펴본다(그림 4-24). 각 학기가 끝날 때마다 학기 초부터 학기 말까지의 생활을 되돌아보고 인생 그래프를 그린다. 세로축은 위로 갈수록 좋았던 일, 아래로 갈수록 싫었던 일을 나타낸다. 가로축은 시간의 경과다. 왼쪽에 있는 원점에서 1학기가 시작되는데 오른쪽 끝으로 가면 학기가 종료된다.

그림 4-24 인생 그래프

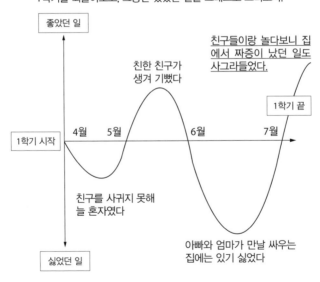

출처: 『하루 5분! 교실에서 할 수 있는 인지 훈련 1日5分！教室で使えるコグトレ』(도요칸출판사)

그래프는 학기마다 회수한다. 가로축의 원점은 항상 학기의 시작으로 고정하고, 시간의 경과에 따라 축의 길이를 늘려간다. 하지만 항상 똑같은 괴로움을 경험하는 건 아니다. 훨씬 괴로운 경험을 한다면 이전에 느꼈던 괴로움은 상대적으로 가벼워진다. 괴로웠던 일도 시간이 지나고 나면 그 의미가 달라진다는 점을 깨달을 수 있다면 이 훈련은 성공이다. 그리고 이 그래프를 통해 아이가 어떤 일을 힘들어하는지도 알 수 있다.

다음으로 '다른 사람을 대하는 방법 배우기'에서는 말로 커뮤니케이션을 할 때 함께 사용하는 비언어 커뮤니케이션, 즉 비언어적 대인 예절을 배운다. 가령 인사할 때도 인사말을 건네기 이전부터 신경 써야 할 것들이 많다. 상대방과의 거리를 가늠하고 표정과 얼굴을 보며 그 사람 쪽으로 몸을 돌려 인사한다는 식이다. 그러나 일부 아이들은 이처럼 비언어적인 예절에 익숙하지 않아 다른 사람과 제대로 사귀지 못한다. 이 훈련은 아이들이 잘할 수 있는 방법과 그렇지 못한 방법을 글로 비교하면서 배울 수 있게 돕는다.

대인 예절 훈련의 워크시트에는 인사 예절, 권유 예절, 질문 예절, 부탁예절, 사과 예절, 거절 예절, 감사 예절 등 총 일곱 가지의 기초 예절 능력과 관련된 문제가 수록되어 있다. 그림 4-25를 예로 들어보자. 어떠한 표정과 태도로 부탁했을 때 거절을 당했고 부탁을 들어주었는지를 각각 생각하게 한다.

자신이라면 어떠한 태도로 부탁받을 때 기분이 나쁠지를 상상하고, 나아가 상대방이 기분 나빠하지 않을 방법을 생각하면서 정중하게 부탁하는 법

그림 4-25 다른 사람에게 부탁하자

당신은 도서관에서 책을 읽고 있습니다. 영희는 당신이 읽고 있는 책이 읽고 싶은지 자신의 책과 바꿔 읽자고 부탁했습니다. 당신이라면 어떨 때 교환하고 싶지 않습니까? 또는 어떤 때 교환하고 싶습니까? 아래의 칸에 따라 생각해봅시다.

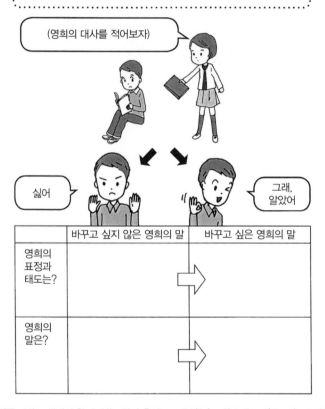

	바꾸고 싶지 않은 영희의 말	바꾸고 싶은 영희의 말
영희의 표정과 태도는?		
영희의 말은?		

출처: 『하루 5분! 교실에서 할 수 있는 인지 훈련1日5分!教室で使えるコグトレ』(도요칸출판사)

을 배우는 것이 핵심이다. 시간이 있다면 역할극도 좋은 방법이다.

오늘날에는 정답만 가르치는 경향이 있다. 하지만 이 훈련은 실패하거나 나쁜 결과를 초래하는 방법을 생각하게 해 그런 일을 하지 않으면 된다는 관점을 배우게 한다. '쓸데없는 일을 하지 않는다'라는 것만 알고 있어도 대인 예절은 향상된다. 이러한 내용은 글로도 쉽게 배울 수 있다.

[위험 감지 훈련]

일상생활에는 다양한 위험이 도사리고 있다. 특히 아이들의 사망원인 중 '불의의 사고'는 5~9세에서 2위, 1~4세, 10~14세에서 3위를 차지한다('인구 동태 조사' 2020년). 그중에서도 교통사고나 물과 관련된 사고가 특히 많았다.

어른이 조심하라고 주의를 주는 것에도 한계가 있다. 아이들 스스로가 어디에 어떤 위험이 도사리고 있는지를 감지하고 스스로 대처하여야만 한다. 위험 감지 훈련은 아이들이 이러한 위험을 스스로 감지해 사전에 회피하도록 하는 것이 목적이다.

초등학교에서도 어느 정도는 가르칠 테지만, 여기서는 상황에 따른 위험, 즉 실내에서의 위험, 실외에서의 위험, 사람으로 인한 위험과 같이 체계적으로 나누어 훈련에 도입했다. 예를 들어, 그림 4-26은 실외에서의 위험이다. 이 그림을 아이에게 보여준 뒤 '위험하다고 생각되는 곳에 ×를 치고 번호 매기기', '위험한 이유 쓰기', '위험한 순서대로 나열하기' 순으로 훈련한다.

그림 4-26 위험 감지 훈련

한 어머니가 유모차를 밀며 근처 골목길을 지나갑니다. 어머니의 왼쪽
에는 고양이가 있습니다. 10분 후, 구급차가 도착했습니다.

구급차가 도착한 이유는 무엇일까요? 위험하다고 생각하는 곳에 ×를 표
시하고 그 옆에 1부터 순서대로 번호를 매깁니다. 그리고 ×를 표시한 곳
이 왜 위험한지를 아래에 적어보도록 합시다.

1 ( )

2 ( )

3 ( )

4 ( )

5 ( )

위험하다고 생각하는 요소를 순서대로 적으세요. ( )

일이 일어났다고 생각하는 순서대로 적으세요. ( )

무엇이 제일 위험하다고 생각하나요? ( )

출처: 『하루 5분! 교실에서 할 수 있는 인지 훈련1日5分!教室で使えるコグトレ』(도요칸출판사)

아이는 밖으로 나서자마자 유모차에 부딪힐 수 있다. 또 고양이가 아기를 공격할 수도 있다. 담벼락 위에서 화분이 떨어지거나 왼쪽에서 자동차가 튀어나올 수도 있다. 이러한 일을 예측해 × 표시를 하고 해답란에 적는다. 다 적었다면 몇몇이 발표하게 해 다른 사람이 생각한 위험 요소와 그 이유를 들으며 자기 생각과의 차이점을 확인하게 한다.

만일 다른 아이의 의견 중 자신은 생각하지 못했던 요소가 있다면 ×를 표시하게 하는 일이 중요하다. 좀처럼 위험을 감지하지 못하는 아이에게는 그러한 일이 발생했을 때 어떠한 결과로 이어지는지 생각하게 해 위험성을 깨닫게 한다. 그림 4-26에서는 왼쪽에서 자동차가 튀어나오면 어떻게 될지, 앞으로 달려가던 아이가 갑자기 멈추면 어떻게 될지 등을 예시로 들 수 있다. '사자가 튀어나온다'처럼 비현실적인 위험을 이야기하더라도 부정하지 말자. 그 일이 어느 정도의 확률로 일어날 수 있는지 생각하게 한 다음 우선순위를 붙이게 한다.

[단계식 문제 해결 훈련]

어떠한 문제가 발생하면 보통은 우선 몇 가지 해결책을 생각한다. 그다음 그중에서 어떠한 것이 가장 적절한지를 생각해서 선택한 뒤 실행에 옮긴다. 성공한다면 계속 실행하고, 실패하면 다른 해결책을 다시 고른다. 문제 해결 훈련은 피드백을 포함해 일련의 순서대로 진행된다.

만일 사고가 유연하지 않은 아이라면 해결책이 조금밖에 떠오르지 않으므로 그것이 최선의 선택지인지 알 수 없게 된다. 이러한 아이는 실패를 겪어어도 똑같은 실수를 반복한다. 그러므로 훈련을 통해 아이들이 더 유연한 해결책을 떠올리면서 확실하게 문제를 해결할 수 있는 힘을 단계적으로 기르게 해야 한다. 이 훈련은 보통 업무적으로 활용되는데, 유럽과 미국, 특히 미국에서는 아이들을 위한 훈련으로도 자주 사용된다. 여기서는 문제 해결 훈련을 총 세 단계로 구성했다. 그 내용은 다음과 같다.

1 단계. 무슨 일이 있었는지 생각하자: 처음부터 문제의 결말을 정하고 생각하는 단계이다. 워크시트에는 난처한 상황이 포함된 짧은 이야기가 적혀 있다. 이야기는 중간에 끊겨 있고 시간이 지나자 문제가 해결되었다는 식이다. 무슨 일이 있었고 어떻게 해결되었는지를 생각하면서 마음 편하게 문제를 해결하는 힘을 기른다.

그림 4-27을 예로 들어보자. A는 B와 C의 싸움에 휘말려 곤란에 처했는데, 시간이 흘러 문제는 잘 해결되었다. 여기서는 그 사이에 무슨 일이 있었는지 생각하는 것이다. 결말을 해피엔딩으로 설정하면 해결책을 훨씬 긍정적으로 생각하게 할 수 있다.

다만, 현실적인 문제 해결법의 기준에 해결책, 시간(시간의 경과를 고려), 장해물(곧바로 해결되지 않는 상황도 고려)이 포함된다는 점을 잊지 말아야 한다. 따라서, 문제 해결을 위해 사용할 방법 이외에도 소요 시간이나 그때까지 맞닥뜨릴 수 있는 장해물까지 생각하게 하면 좋다.

2 단계. 목표를 정하자: 문제 해결의 목표를 설정하는 연습을 하는 단계이다. '친구와 화해하지 않겠다'처럼 적절하지 않은 목표를 가진다면 해결책은 큰 의미가 없기 때문이다. 목표가 가지는 장단점을 생각하고 더욱 적절한 목표를 선택할 수 있는 힘을 기른다.

그림 4-27 무슨 일이 있었는지 생각하자

A는 곤란한 상황에 처했습니다.

A는 B와 C 모두와 친합니다.
어느 날, B와 C가 싸웠고 두 사람은 화해하지 않았습니다. A는 B와 C에게서 누구 편이냐는 말을 들었습니다.
하지만 A는 셋이 사이좋게 지냈으면 좋겠다고 생각했습니다.

 (시간이 흘러)

A, B, C는 셋이 사이좋게 놀았습니다.

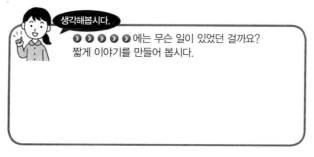

출처: 『사회 인지 훈련, 인지 사회 훈련 2 **社会面のコグトレ　認知ソーシャルトレーニング2**』
(미와쇼텐)

그림 4-28은 게임을 살지, 친구들과 놀지 고민하는 상황이다. 각각의 선택지에는 장단점이 있다. 어떻게 할지는 본인이 선택한다.

목표를 정할 때는 일부러 어른의 가치관을 강요하지 않게 한다는 점이 핵심이다. 사고의 유연함이 사라지기 때문이다. 어디까지나 결정하는 건 본인의 몫이다. 그 목표를 선택했을 때 어떤 결과를 초래할지 예측하게 해 아이들 스스로 그 결과가 적절한지 아닌지를 깨닫게 한다.

부적절한 행동의 장점이 크다면 그 방법을 수정할 수 없게 된다. 그러한 행동 때문에 발생하는 단점을 알아차리는 방법은 다음의 내용에서 다루도록 하겠다.

3 단계. 나라면 어떻게 할까?: 마지막 단계다. 단계 1에서의 문제가 해결되지 않았다고 설정한다. 우선, 목표를 정하고 그런 다음 어떻게 해결해야 좋을지 생각하게 한다. 목표를 정하는 방법은 단계 2를 참고한다.

그림 4-29와 같은 상황을 예시로 들 수 있다. 일단 목표를 정하고 목표를 달성하기 위한 해결책을 다섯 가지 정도 생각한 뒤 각각의 결과를 예상한다.

여기서는 얼마만큼 유연하게 생각해 문제 해결을 위한 다양한 해결책을 내놓을 수 있는지가 중요하다. 따라서 처음부터 최적의 해결책을 요구하지 말고 생각난 순서대로 해결책을 쓰게 하는 일이 핵심이다. 문제의 해결책은 아이들마다 제각각이다. 만일, 비현실적이거나 비도덕적인 방법이 나온다 해도 이를 하나의 방안으로 받아들이고 과연 문제가 해결될지 생각하게

그림 4-28 목표를 정하자

A는 고민이 있습니다.

A는 가게에서 줄곧 갖고 싶었던 게임을 발견했습니다. 하지만, 2,000엔 (약 20,000원)이라는 금액이 부담스러워 살지 말지 고민입니다. 가게 직원은 "3일 뒤에 반값 할인 행사를 할 거란다. 하지만 그 전에 다 팔릴지도 몰라."라고 말했습니다. A의 수중에는 딱 2,000엔이 있습니다. 지금 사면 용돈을 다 쓰게 되니 내일 친구들과 놀러 갈 수 없습니다.

다음 표를 완성해봅시다.

	지금 산다	3일 더 기다린다
장점		
단점		

A는 어떻게 하면 좋을까요? 나라면 어떻게 할지 생각해봅시다.

출처: 『사회 인지 훈련, 인지 사회 훈련 2社会面のコグトレ　認知ソーシャルトレーニング2』 (미와쇼텐)

115

그림 4-29 나라면 어떻게 할까?

A는 무척 슬프다.

A는 전학생이다. 아직 학교에 적응하지 못해 친구를 사귀지 못했다.
어느 날, 등 뒤에 '바보'라고 적힌 종이가 붙어 있는 걸 보았다.

어떻게 해야 한다고 생각하나요?
(   )

그렇게 되려면 어떻게 해결해야 할까요? 결과는 어떻게 될까요?

1. (   ) → (   )
2. (   ) → (   )
3. (   ) → (   )
4. (   ) → (   )
5. (   ) → (   )

어떤 방법을 선택하고 싶나요? 그 방법을 선택한 이유는 무엇인가요?
(   )

출처: 『사회 인지 훈련, 인지 사회 훈련 2 社会面のコグトレ　認知ソーシャルトレーニング2』
(미와쇼텐)

116

한다. 현실적인 해결책인지, 정말로 해결할 수 있는지, 비겁하지 않은지 등이 해결책의 기준이 될 것이다.

　이 훈련을 통해 곤란한 일은 혼자서 끙끙대지 말고 누군가와 털어놓아야 한다는 점, 상대해주길 원한다면 직접적인 부탁 말고도 미리 양해를 구할 수 있다는 점을 알려주도록 하자.

3 신체 인지를 잡아주는 '인지 작업 훈련'

◇ 세 가지 대분류와 일곱 가지 훈련

　신체 능력이 떨어지는 아이들은 사물에 부딪히거나 물건을 망가뜨리는 일이 잦다. 또 힘 조절을 잘 못 하거나 좌우를 구분하지 못하기도 하고 공을 잘 던지지 못하거나 자세가 나쁘거나 가만히 앉아있지 못하는 등의 특징이 있다. 그 원인은 제각각으로 추측되므로 이에 맞는 훈련이 필요하다.

　자세가 나쁜 아이는 근긴장도에 문제가 있다고 볼 수 있다. 근긴장도가 낮으면 아무래도 자세가 흐트러지기 마련이다. 다양한 운동에도 지장을 초래한다. 반대로 근긴장도가 높으면 로봇처럼 움직임이 뻣뻣해진다. 그래서 적당한 근긴장도를 유지하는 것이 핵심이다.

　손끝이 야무지지 못한 아이는 대체로 자세가 나쁘다. 그러므로 자세를 제대로 잡는 일이 선행되어야 한다. 자세를 바로잡으려면 근긴장도를 바로잡아야 하는데, 이는 약한 코어 근육과 관련 있다.

　또한, 똑바로 서게 해도 그 자세를 유지하지 못하는 아이가 있다. 두 다리로 서 있어도 살짝 밀면 휘청거리거나 한발 서기를 시키면 다른 쪽 다리가 금세 땅에 닿는 아이도 있다. 이런 아이들은 평형감각에 문제가 있다고 할 수 있다. 여기서 말하는 평형감각은 체성감각일 수도 있고 시각 감각일 수도 있다. 그러니 어디에 문제가 있는지 반드시 확인해야 한다.

만약 사물에 부딪히거나 물건을 망가뜨리는 일이 잦다면 대부분 신체상(Body Image)을 제대로 떠올리지 못하는 경우다.

이처럼 부족한 신체 능력은 근긴장도, 코어 근육, 시공간 인지의 취약함 등과 관련이 있다. 신체 인지 훈련인 인지 작업 훈련은 이러한 취약함의 원인을 개선하는 데 목적이 있다.

이 훈련은 지도자가 일방적으로 개입, 지도하는 훈련과는 달리 지도자가 대상자의 인지 기능에도 접근해 적재적소의 피드백을 해야 한다는 점이 특징이다. 대상자 자신이 운동의 목적을 이해하고 어떻게 해야 잘 할 수 있는지, 실패하면 어디를 고치면 좋을지 생각하는 일을 돕는 것이다.

인지 작업 훈련은 크게 세 가지로 구성되며 그 세부 내용은 총 일곱 가지로 나뉜다.

'내 몸'은 신체상 개념을 높이는 것이 큰 목적이다. 몸을 움직이면 뇌는 몸이 받아들인 감각정보를 파악해 자신의 자세나 손발의 위치 관계를 알게 된다. 조금 전 취했던 자세와 지금의 자세를 비교해 움직인 자세나 손발 등 신체 위치의 변화를 느낀다. 보통은 무의식중에 하는 일이다. 만약 이 감각 정보가 제대로 전달되지 않으면 균형을 잃거나 힘을 조절하지 못하게 된다.

'사물과 내 몸'에서는 몸을 이용해 사물을 통제하는 훈련을 한다. 우리가 손발을 사용해 물건을 다루려면 일단 '이렇게 하고 싶다'라는 생각에서 시

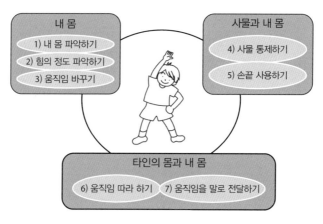

그림 4-30 세 가지 대분류와 일곱 가지 훈련

내 몸	사물과 내 몸
1) 내 몸 파악하기	4) 사물 통제하기
2) 힘의 정도 파악하기	5) 손끝 사용하기
3) 움직임 바꾸기	

타인의 몸과 내 몸

6) 움직임 따라 하기　7) 움직임을 말로 전달하기

출처: 『미숙한 아이들을 위한 인지 작업 훈련**不器用な子どもたちへの認知作業トレーニン グ**』(미와쇼텐)

작한다. 사물을 보고 손이나 손가락, 발을 어떻게 움직이면 좋을지 떠올린 다음 몸을 움직인다. 오차가 있으면 이를 수정해 다시 움직인다. 이러한 일 련의 과정은 뇌의 여러 기능과 관련이 있다. 이러한 기능을 향상시키기 위 한 훈련이라 할 수 있다.

'타인의 몸과 내 몸'은 사회생활에서 적절한 행동을 취하기 위한 훈련이 다. 다른 사람의 말에 따라 움직이기, 다른 사람이 해주기를 바라는 행동을 말로 전달하기, 다른 사람 흉내 내기 등 사람과의 관계 속에서 내 몸을 통 제하는 훈련을 한다.

내 몸이 다른 사람과 상호작용을 하게 되면 예측의 난이도는 사물보다 높 아진다. 사물과는 달리 사람은 매번 같은 반응을 보이지 않기 때문이다. 더 많 은 정보를 확인하고 다양한 반응 패턴을 예측하고 기억하며 적응해야 한다.

◈ 신체 능력의 부족함을 확인한다

아래는 신체 능력의 정도를 자가 판정할 수 있는 체크 시트이다. 내 몸의 움직임을 떠올리며 해당하는 항목을 ○로 표시한다.

①: 해당한다 ②: 대부분 해당한다 ③: 그다지 해당하지 않는다 ④: 해당하지 않는다

1.	사물에 자주 부딪히거나 걸리지 않는다.	① ② ③ ④
2.	앞에 서 있는 사람의 좌우를 구분할 수 있다.	① ② ③ ④
3.	주변 사람들과 똑같이 옷을 금세 갈아입을 수 있다.	① ② ③ ④
4.	단추를 빨리 잠그고 풀 수 있다.	① ② ③ ④
5.	신발 끈을 잘 묶을 수 있다.	① ② ③ ④
6.	선생님으로부터 다른 사람과 너무 가깝다거나 멀리 떨어져 있다는 말을 듣지 않는다.	① ② ③ ④
7.	집단행동을 할 때나 체육 수업 때 좌우를 틀리지 않는다.	① ② ③ ④
8.	'차렷' 자세를 오래 유지할 수 있다.	① ② ③ ④
9.	걸을 때 같은 쪽 팔다리가 동시에 나가지 않는다.	① ② ③ ④
10.	걸을 때 팔다리를 자연스럽게 움직일 수 있다.	① ② ③ ④
11.	구령에 맞춰 행동할 수 있다. 다른 사람과 타이밍이 어긋나지 않는다.	① ② ③ ④
12.	음악에 맞춰 움직일 수 있다.	① ② ③ ④
13.	까치발로 서거나 한 발 서기를 해도 균형을 잘 잡는다.	① ② ③ ④
14.	일정한 리듬으로 달릴 수 있다.	① ② ③ ④
15.	공을 잘 던질 수 있다.	① ② ③ ④
16.	구기 운동을 할 때 헛스윙, 폭투, 단순한 실수 등이 적다.	① ② ③ ④
17.	물건을 잘 다룰 수 있다.	① ② ③ ④
18.	글씨를 쓸 때 선생님에게서 너무 진하게 썼다거나 너무 흐리게 썼다는 말을 듣지 않는다.	① ② ③ ④
19.	이동 중에 방향이나 목적지를 틀리지 않는다.	① ② ③ ④

합계 _____점

점수가 낮을수록 능숙하고 높을수록 미숙하다는 뜻이며 점수의 기준은 없다. 어디까지나 나를 파악하기 위한 체크 리스트이기 때문이다. 훈련 전후로 점수를 매겨보고 아이들에게 직접 신체의 변화를 비교하게 하면 좋다.

다만, 낮은 점수는 발달성 협응 장애(developmental coordination disorder (DCD))가 원인일 수도 있으므로 전문가의 세심한 평가가 필요하다.

[내 몸]

내 몸 파악하기: '내 몸 파악하기'는 '스트레칭, 신체를 의식하기, 밸런스 운동', 이 세 가지로 이루어진다. 이중 대표적인 훈련을 소개한다. 훈련하기 전에는 인지 훈련용 막대를 준비한다. 신문지 10장 정도를 둥글게 말아 빨간색, 노란색, 파란색 컬러 테이프를 붙이면 인지 훈련용 막대가 완성된다(그림 4-31).

'스트레칭' 중 '옆구리 스트레칭'은 팔을 든 상태에서 인지 훈련용 막대를 양손으로 가볍게 쥔 다음 옆으로 천천히 몸을 기울이는 운동이다(그림 4-32). 똑바로 선 기본자세에서 몸을 옆으로 20도 이상 구부리는데 좌우로 세 번 이상 반복한다. 몸이 앞이나 뒤로 구부러지지 않도록 주의하는 것이 핵심이다. 잘 되지 않는다면 등을 벽에 붙인 상태에서 해보자.

'밸런스 운동' 중 '눈감고 한 발 서기'는 눈을 감고 한 발로 선 다음에 '오른손을 머리에', '왼손을 수평으로'와 같은 지시에 따라 팔을 천천히 움직이는 훈련이다. 팔을 움직일 때는 균형을 잃고 휘청거리지 않도록 노력한다. 지속 시간은 5초가 목표다. 눈을 감기 어렵다면, 눈을 뜬 상태에서 한 발을 들어도 좋다. 그룹으로 진행할 때는 누가 오래 서 있는지 토너먼트식

그림 4-31 인지 훈련용 막대 만들기　　　　그림 4-32 '옆구리 스트레칭'

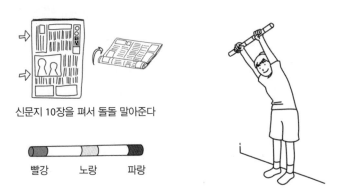

신문지 10장을 펴서 돌돌 말아준다

빨강　　　노랑　　　파랑

출처: 『미숙한 아이들을 위한 인지 작업 훈련**不器用な子どもたちへの認知作業トレーニング**』(미와쇼텐)

으로 겨루거나 하면 즐겁게 운동할 수 있다.

힘의 정도 파악하기: '힘의 정도 파악하기'는 '밀기, 당기기, 힘 모으기, 자세 유지하기', 이 네 가지 훈련으로 이루어진다.

'밀기'에서 '벽 밀기'는 손으로 벽을 미는 운동이다(그림 4-33). 이때, 힘의 강도는 다음과 같이 다섯 단계로 설정한다.

1단계: 손을 벽에 살짝 대기

2단계: 살짝 벽 밀기

3단계: 살짝 힘주어 벽 밀기

4단계: 크게 힘주어 벽 밀기

5단계: 온 힘을 다해 벽 밀기

다양한 힘으로 시험한 뒤 5단계에 적합한 자세를 생각해본다.

그림 4-33 '벽 밀기'

벽을 온 힘을 다해 밀 때 자세가 무척 안 좋은 아이도 있다. 축 늘어진 이상한 자세를 취하는 아이가 있었는데, 아무리 봐도 벽을 있는 힘껏 밀지 못할 것 같았다. 그밖에도 팔꿈치가 꺾여 있거나 허리를 너무 세웠거나, 발을 가지런히 모으고 있다거나 팔을 지나치게 넓게 벌린다면 벽을 세게

출처: 『미숙한 아이들을 위한 인지 작업 훈련不器用な子どもたちへの認知作業トレーニング』(미와쇼텐)

밀 수 없다. 보다 안정적으로 세게 밀려면 양 팔꿈치를 쭉 뻗고 발을 앞뒤로 벌린 뒤 허리를 낮추어야 한다.

근긴장도가 지나치게 강한 아이는 힘을 빼야 한다고 알려주어야 한다. 다만, 그 방법을 모를 수 있다. 일단은 있는 힘껏 밀어보고 자신이 낼 수 있는 최고치가 어느 정도인지 힘의 세기를 파악하는 일부터 시작한다. 힘의 최고치가 5라면, '3은 어느 정도지?', '4는?'과 같이 힘의 세기에 숫자를 붙여 이해시키면 좋다.

'자세 유지하기'의 'V자 만들기'는 똑바로 누운 상태에서 상반신과 하반신을 일으켜 V자를 만든 뒤 그 자세를 90초 이상 유지하는 운동이다. 머리와 발뒤꿈치는 바닥에서 30cm 이상 떨어져 있어야 한다. 이때, 무릎이 구부러지지 않게 주의한다.

움직임 바꾸기: 외부의 자극으로 동작을 전환할 때의 주의력을 향상시킨다. '움직임 바꾸기'는 청각 주의력 훈련과 시각 · 청각 주의력 훈련으로 나뉜다.

'색 또는 그림'이라는 시각 · 청각 주의력 훈련이 있다. 여기서는 우선 몇 가지 색과 동물 그림을 보여준다. 그런 다음 '빨간색'은 정지, '노란색'은 달리기, '파란색'은 걷기, '소'는 걷기, '토끼'는 깡충깡충 뛰기, '개'는 달리기, '나무'는 정지, 와 같은 식으로 각각이 가리키는 '행동'을 외우게 한다(그림 4-34). 그다음 지도자가 색이 칠해진 그림을 보여준다. 노란색 배경에 소가 그려진 그림을 보여줬을 때, 지도자가 "그림."이라고 말하면 그림인 '소'에 해당하는 행동을 취한다. 즉, 걷는 것이다. "색."이라고 말하면 '노란색'에 해당하는 달리기를 시작한다. 이처럼 눈과 귀를 통해 들어오는 정보를 바탕으로 몸을 통제하는 훈련이다.

[사물과 내 몸]

사물 통제하기: 인지 훈련용 막대와 공을 이용한 운동으로 순발력과 협응 운동 능력을 높인다. '사물 통제하기'는 막대를 이용한 운동과 막대 · 공 잡기, 이 두 가지로 이루어진다.

'막대 훈련'은 혼자서 인지 훈련 막대를 던져 잡는 훈련이다. 이때, 막대에는 빨간색, 노란색, 파란색 컬러 테이프를 붙여둔다. 그다음 3~4명이 원을 만들어 인지 훈련 막대를 던지면서 주고받는 '합동 막대 잡기' 운동을 한다.

그림 4-34 '색 또는 그림'

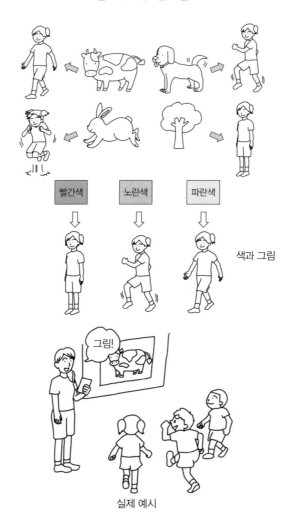

색과 그림

실제 예시

출처: 『미숙한 아이들을 위한 인지 작업 훈련不器用な子どもたちへの認知作業トレーニング』(미와쇼텐)

손끝 사용하기: 손끝의 미세한 움직임을 단련하고, 목표를 달성하기 위한 개념도 훈련한다. '손끝 사용하기'에는 블록 쌓기, 이쑤시개 쌓기, 신문지 찢기, 끈 묶기, 테니스공 쌓기가 있다.

'블록 쌓기'는 몇 명씩 짝을 지어 되도록 높게 블록을 쌓는 훈련이다(그림 4-35). 90초로 시간제한을 두고 시간이 다 된 시점에서 가장 높이 쌓은 팀이 승리한다. 너무 높이 쌓으면 탑이 무너지므로 적절한 때에 행동을 멈추는 연습이 되기도 한다. 블록이 없다면 이쑤시개를 우물 정(井)자 모양으로 쌓는 '이쑤시개 쌓기'도 있다.

그림 4-35 '블록 쌓기'

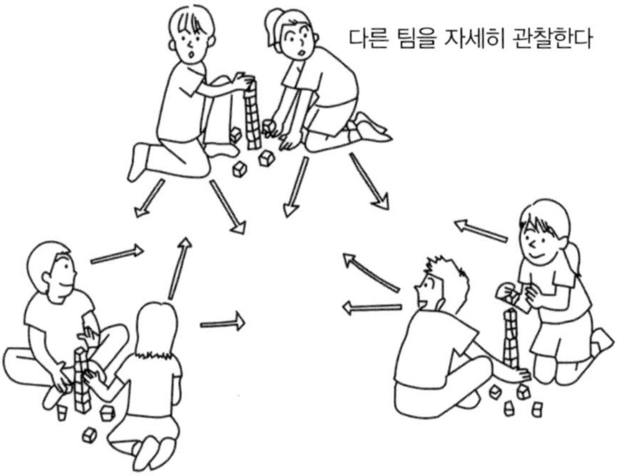

출처: 『미숙한 아이들을 위한 인지 작업 훈련 不器用な子どもたちへの認知作業トレーニング』(미와쇼텐)

[타인의 몸과 내 몸]

그림 4-36 움직임 따라 하기

움직임 따라 하기: 두 사람이 한 조를 이루고 마주서서 상대방의 동작을 따라 한다 (그림 4-36). 상대방의 자세를 기억해서 따라 하면 정적, 동적인 움직임을 기억하는 방법을 익힐 수 있다. 이 훈련은 몸을 쓰는 일을 배울 때 도움

출처: 『미숙한 아이들을 위한 인지 작업 훈련**不器用な子どもたちへの認知作業トレーニング**』(미와쇼텐)

이 된다. '움직임 따라 하기'는 기초 모방(정지 자세), 관련 모방(사물의 사용), 동작 모방(연속 동작 과제, 기억 갱신 과제, 지연 재생 과제)의 세 가지 카테고리로 나뉘어 있다.

기초 모방에서는 오른손은 어깨에, 왼손은 머리에 얹고 오른발은 앞으로 내미는 동작을 거울에 비친 것처럼 따라 하지 말고 상대방이 하는 대로 따라 한다는 식이다. 즉 상대방이 오른발을 앞으로 내밀었다면 나도 똑같이 오른발을 앞으로 내미는 것이다. 동시에 따라 하거나 일단 동작을 외운 뒤 나중에 따라 하는 등, 난이도도 조정할 수 있다.

'동작 모방'에서는 왼손을 머리 → 허리 → 무릎으로 이동시키는 3연속 동작을 순서대로 외워 따라 한다.

움직임을 말로 전달하기: '자세 전달 게임'은 움직임을 말로 전달하는 훈련이다. 지시받은 자세를 파트너에게 동작이 아닌 말로 설명하는데, 신체

부위의 움직임이나 움직이는 방법을 말로 전달해 표현력과 관찰력을 키운다. 또한, 정확하게 전달하기 위한 커뮤니케이션 연습으로도 이어진다.

인지 작업 훈련의 소개는 여기까지다. 여기서 소개한 훈련들은 현재 특수학교, 일반 학교의 통합 학급, 소년원 등에도 도입되었다.

4 소년원에서의 실천과 그 성과

◇ 정육면체를 그릴 수 있게 되었다

지금까지 소개한 인지 훈련은 내가 의료 소년원에서 실시했던 것들이다. 그중 학습 인지 훈련인 인지 증진 훈련의 실제 효과에 대해 소개한다.

다음은 지적 장애나 발달장애가 있는 비행 청소년을 수용하는 한 소년 교정 시설에서 실시한 훈련의 결과다. IQ 85 이상의 중학생, 고등학생 연령대의 아이들 24명을 대상으로 훈련을 받는 무리(대상군)와 훈련을 받지 않는 무리(통제군)를 12명씩 무작위로 나누어 검증했다. 대상군은 4개월 동안 집단 훈련과 개별 훈련을 병행했다.

그룹 훈련에서는 시각 기억, 청각 기억, 처리 속도의 향상을 위한 과제를 1회에 약 80분씩 주 2회 실시했고, 개별 훈련에서는 하루에 약 한 시간씩 개별 과제를 주 3~4회 하게 했다. 훈련의 효과 측정은 훈련 전후와 훈련을 종료하고 약 3개월 후, 총 3회에 걸쳐 인지사정체계(DN-CAS), 레이븐의 원색판 점진행렬검사(RCPM), 작업 기억 검사(숫자 읽기, 시공간 기억), 레이복합도형검사, 표정 인지와 같은 검사를 사용해 진행했다. 상세한 내용은 생략하겠으나,[13] 대상군에서만 DN-CAS, RCPM, 작업 기억 검사 등에서 유의미한 상승이 확인되었다. 표정 인지 또한 마찬가지였는데, 이는 표정을 읽는 힘, 즉 사회성의 향상으로도 이어질 수 있다는 사실을 시사한다.

그밖에 정육면체나 레이복합도형검사에 나오는 그림을 제대로 그리지 못했던 소년의 능력도 개선되었다(그림 4-37). 자신의 자화상을 제대로 그리지 못했던 소년도 마찬가지였다(그림 4-38). 이러한 소년들의 모습을 통해 복잡한 검사 없이도 충분히 변화할 수 있다는 사실을 알 수 있다.

그림 4-37 정육면체

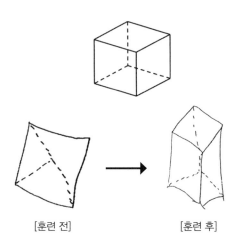

[훈련 전]   [훈련 후]

출처: 『인지 훈련, 보기 · 듣기 · 상상하기를 위한 인지 증진 훈련コグトレ　みる・きく・想像するための認知機能強化トレーニング』(미와쇼텐)

---

13 자세한 내용은 『인지 훈련, 보기 · 듣기 · 상상하기를 위한 인지 증진 훈련コグトレ　みる・きく・想像するための認知機能強化トレーニング』(미와쇼텐) 참조.

그림 4-38 자화상

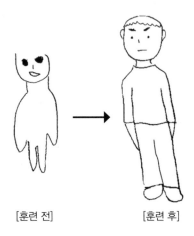

[훈련 전]　　　　　　[훈련 후]

출처: 『인지 훈련, 보기 · 듣기 · 상상하기를 위한 인지 증진 훈련コグトレ　みる・きく・想像
するための認知機能強化トレーニング』(미와쇼텐)

　소년원에서의 생활에도 변화가 생겼다. 한 소년은 소년원에 들어왔다는
사실을 받아들이지 못해 매일같이 죽고 싶다며 울었다. 그래서 공동 숙소
가 아닌 개별 숙소를 배정하고 상태를 지켜봤다. 그동안은 기숙사 선생님
이 인지 훈련 워크시트를 풀게 했는데, 특히 '빙글빙글 별자리'를 열심히
풀었다고 한다. 그러는 사이 아이의 말과 행동이 점차 변하기 시작했다. 어
느 순간부터는 울지도 않았고, 공동 숙소로 옮기는 등 전혀 다른 사람이 되
었다.
　그 후, 본인에게 물어보니 이렇게 대답했다.

　"빙글빙글 별자리를 하고 있으니 이 선은 오른쪽에 있으니까 당연히 오른쪽에
베껴 그려야겠다는 생각이 들었어요. 그랬더니 제가 왜 여기에 있는지를 생각하

게 되었고, 선생님이 해주시는 말도 모두 저를 위해서라는 생각이 들어서 노력해
봐야겠다고 마음먹게 되었습니다."

이러한 사고가 가능해졌다는 점이야말로 인지 훈련의 성과 중 하나라
할 수 있다. 반드시 '빙글빙글 별자리'로 훈련해야 한다는 말은 아니다. 어
느 쪽에도 치우치지 않은 백지의 상태에서 고민하는 과정을 통해, 아이들
은 논리적 사고를 익히고 나아가 자신이 처한 상황이나 미래의 일 등을 냉
정하게 바라볼 수 있게 되는 것 같다고 느꼈다. 단순한 계산식이나 문장형
계산 문제를 시켰다면 구구단조차 외우지 못하는 아이들은 틀림없이 좌절
했을 것이다. '빙글빙글 별자리'와 같은 문제는 퍼즐처럼 재미있게 풀면서
논리성을 익힐 수 있고, 또 학습 의욕을 유지하는 데에도 효과적이다.

그밖에도 깊이 생각하지 못했던 소년은 인지 훈련의 과제를 풀게 하니
논리적으로 사고할 수 있게 되었고, 생각하는 습관이 자연스럽게 몸에 배
었다고 한다. 훈련 후 실시한 설문조사에서는 다음과 같은 답변을 받았다.

"처음에는 아무 의미도 없다고 생각했는데, 지금은 조금이지만 내 안에서 무언가
가 바뀌었다고 느낀다."

"처음에는 창피하기도 했고 왜 이런 걸 해야 하는지 모르겠다고 생각했는데, 문
제를 풀 수 있게 되자 나도 할 수 있다는 자신감이 생겼다. 사회로 돌아가도 실패
하고 싶지 않고 바보 취급받고 싶지도 않으므로 끝까지 진지하게 참여해야겠다
고 생각했다."

"학습에 집중할 수 있게 되었다. 인지 훈련이 없었다면 불가능했을 것이다. 내가
했던 나쁜 짓들을 확실하게 되돌아볼 수 있게 되었다."

"지금까지는 아무 생각 없이 살아왔는데, 무언가를 하기 전에 일단 생각하는 버릇이 생겼다. 생각하는 습관 덕분에 피해자에 대해서도 생각하게 되었다."

"이런 일은 사회로 복귀하고 나면 할 기회가 없으니 소년원에 있을 때 조금 더 확실하게 배워둘 걸 후회된다."

"기대만큼은 아닐지 모르지만, 이만큼 성장할 수 있었다는 사실에 놀랐다. 인지 훈련을 만들어 주어서 감사하고, 배운 내용은 반드시 사회에서 활용하도록 하겠다."

처음 시작했을 때만 해도 불평불만만 늘어놓던 아이들이 마지막에는 감사하다는 인사를 해주었다.

◇ 사회로 복귀한 소년들

이 소년들이 사회로 돌아간 후의 모습까지는 알 수 없다. 그 이후의 행적은 추적할 수 없기 때문이다. 교도소에서 출소한 뒤 교도관으로부터 안부를 묻는 연락을 받는다면 마냥 기쁘지만은 않을 것이다. 그저 복역을 마쳤으니 내버려 두길 바라지 않을까. 그래서 소년원에서 나간 소년들과는 만날 수 없다.

그러므로 사회에서 어떻게 바뀌었는지를 알 수 있는 경우는 그 소년이 재입소했을 때뿐이다. 인지 훈련을 받았음에도 안타깝게 재입소하게 된 한 소년은 이런 이야기를 해주었다. 그가 사회에 복귀해 건설 현장에서 일하게 되었을 때 사장이 기억력이 좋다는 말을 했다고 한다. 그때까지 일하면서 한 번도 칭찬받아본 적이 없는 소년은 무척 기뻤다고 한다. 예전에는 매달 직장을 옮겼지만, 사장이 건넨 칭찬 덕분에 무려 3개월이나 같은 곳에서 일했다. 비록 3개월 만에 나쁜 짓을 또 저질러 재입소하게 되었지만 말이다.

◈ 일반 학교에도 확산되다

인지 훈련은 소년원 이외의 곳으로도 확산되고 있다. 비행 청소년들의 진학을 지원하는 오사카시의 한 중학교에서 도입한 사례를 소개하겠다. 당시 교감 선생님은 인지 훈련을 도입하는 이유를 다음과 같이 밝혔다.

> "이 학교 졸업생들은 고등학교 중퇴율이 상당히 높습니다. 일반 학교는 대체로 4~5%대에 불과하지만, 저희 학교는 무려 85~90% 이상이지요. 해당 고등학교에 원인을 물어봤습니다. 그랬더니 아이들이 제대로 수업을 듣지 않는다거나, 사람의 이야기를 제대로 듣지 않는다고 하더군요. 그래서 이러한 문제를 개선하고자 인지 훈련을 도입하게 되었습니다."

인지 훈련은 2014년에 개최된 일반사단법인 일본 학습장애 학회의 심포지엄을 계기로 공교육계에도 알려졌다. 일본 학습장애 협회는 학습장애(Learning Disorder, LD)·주의력 결핍-과잉행동장애(ADHD) 등의 교육과 관련된 큰 학술 단체다. 나는 이 학회가 개최하는 심포지엄에서 소년원의 인지 훈련을 소개할 기회를 얻었다. 그때만 해도 참석자가 얼마 되지 않을 거라 생각했는데, 시작 전부터 회장 밖에 늘어선 교육 관계자들의 긴 입장 행렬을 보고 이렇게나 관심 있는 사람들이 많나 싶어 깜짝 놀랐었다. 인지 훈련은 전국지의 기사로도 소개되었다. 이를 본 전국 각지의 교사, 교육 위원회, 시의원, 시설 직원들이 인지 훈련을 도입하고 싶다며 소년원으로 나를 찾아왔다.

오사카부의 한 초등학교에서는 3학년 학급에서 수업을 시작할 때 약 15분 동안 점을 이어 도형을 따라 그리는 훈련이나 '첫 단어와 박수'와 같은 인지 훈련을 한다. '첫 단어와 박수'는 앞서 이야기한 것처럼 선생님이 읽어 주는 문장의 첫 단어를 기억하면서 동물이나 과일의 이름이 나오면 손뼉을 치는 문제다. 이를 반복하면서 기억력이나 주의력, 집중력 등을 키운다.

이 학교는 5년 정도 전부터 전 학년을 대상으로 인지 훈련을 도입했다. 아이들은 "어렵긴 해도 재미있어서 계속 하고 싶다.", "재밌고 공부가 된다."라며 즐겁게 훈련하고 있다. 선생님은 인지 훈련을 도입한 이유를 이렇게 설명했다.

> "학습의 기초가 되는 힘을 확실하게 다져 학습력을 향상시키고자 했습니다. 이전에는 자주 자리에서 벗어나거나 교실을 뛰쳐나가곤 했는데, 지금은 차분하게 공부하는 아이들이 되었습니다."

이처럼 학교 측에서는 인지 훈련이 아이들의 암기력과 집중력이 '떨어지는' 원인을 발견하고 그 가능성을 확장시키는 수단이 되기를 기대하고 있다.

다른 초등학교에서 6학년을 담당하는 선생님은 이런 말을 했다.

"운동회가 끝난 뒤, 인지 훈련을 시작했습니다. 1학기 때는 아이들이 말을 듣지 않았습니다. 반 분위기가 언제 엉망진창이 되어도 이상하지 않을 정도여서 출근 하기가 겁날 정도였습니다. 인지 훈련을 시작한 이후로는 우리 반이 조용해졌고 내 지시도 잘 따릅니다. 1학기와 달라진 점은 인지 훈련뿐이니, 그 덕분 아닐까 요? 2학기가 끝난 시점에서는 침착하게 수업을 받는 시간이 더 늘어났습니다."

실제로 인지 훈련을 도입한 한 중학교에서 학생들에게 소감을 물었다.

"'무엇이 먼저일까?' 문제는 많은 인물이 나오는 만큼 생각해야 하므로 계속 머 리를 써야 한다."
"이야기를 만드는 문제(이야기 만들기)는 그림을 잘 보고 차이점을 찾아야 해서 어려웠다."
"이야기의 순서를 정하는 문제나 정육면체를 발견하는(도형 찾기) 문제 모두 재 미있었다."
"문제가 쉬워 보였는데 생각보다 어려웠다. 문제를 풀 때 "이게 이건가? 아냐, 이 렇게 되니까 이건 이게 맞아."처럼 상당히 머리를 쓰고 있다는 사실을 깨닫게 됐 다. 무척 재미있었다."
"조금만 더 하면 될 것 같을 때, 문제를 풀었을 때 쾌감이 느껴져 신난다. 꼭 다시 하고 싶다."
"평범한 공부 방법으로는 익힐 수 없는 학습 능력을 배웠다고 생각해 좋은 교재 라고 생각한다. 그리고, 하다 보면 재미가 느껴지므로 공부만 하는 것보다는 의욕이 생긴다. 그래서 공부를 잘 못하는 사람도 문제없을 것 같다."

"머리를 써야 하는 일이 많아 문제가 어렵게 느껴졌다. 하지만, 너무 재미있어서 하고 싶은 의욕이 생겼다! 더 많이 하고 싶다고 생각했다."

"수학이나 국어, 과학과는 달리 깊이 생각해야 했다. 그래서 생각하는 힘이 길러졌다고 생각한다. 중학생뿐 아니라 초등학생에게도 효과가 있을 것 같다."

"상상력, 사고력, 견해 등등도 다루면 좋을 것 같다. 인지 훈련이 더욱 확산돼서 학력 향상으로 이어진다면 좋겠다. 주 1회 정도는 하고 싶다. 그래서 학교나 우리 지역의 학력이 올라갔으면 좋겠다."

⬡ 성인 시설에도 도입되다

전 연령대의 지적 장애인이 이용하는 시코쿠 지역의 한 입소 시설에서도 인지 훈련이 도입되었다. 그곳 담당자가 이야기하기를 인지 훈련을 도입하기 전에는 입소자들이 다음과 같은 태도를 보였다고 한다.

· 꾸물거리는 사람이 있어도 무관심하다.
· 나만 할 수 있으면 된다.
· 아무렇지 않게 다른 사람에게 상처 주는 말을 한다.

하지만, 인지 훈련을 시작하자 이렇게 바뀌었다고 한다.

· "A 씨, 서두르지 말고 천천히 하세요."라고 말을 건넨다.

· "괜찮아!" 하고 격려하고, "잘했어!" 하고 칭찬한다.

· "○○씨도 해 볼래요?" 하고 권한다.

그리고 어떠한 일을 하고 난 다음 감상이나 의견을 물어도 부정적으로
대답하는 일이 대부분이었다고 했다.

· 바로 대답을 하지 않고 고개만 가로젓는다.

· "괜찮아요.", "됐어요.", "상관없어요.", "비밀이에요."

이러한 사람들도 다음과 같이 변했다.

· 빨리 대답한다.

· 자기만의 표현으로 감상이나 의견을 말할 수 있게 되었다.

"그랬구나.", "응(납득).", "많은 일이 있었어요."

· 반대로 요구와 질문도 한다. "메모할 테니 잠깐만 기다려주세요.", "어떻게 말

하면 되나요?"

상대방이 자신의 설명을 알아듣지 못할 때의 반응은 대부분 이러했다.

· 설명을 알아듣지 못하면 남의 탓을 한다.

· 이 사람에게는 설명해도 알아듣지 못할 거라 생각해 포기하고 입을 다문다.

하지만, 이렇게 바뀌었다.

· 상대방이 이해하지 못하는 건 내 설명 방법이 잘못되었기 때문이라고 생각한다.
· 어떻게 해야 상대방이 이해할지 열심히 생각하게 되었다(손짓 발짓 등을 연구한다).

그룹 활동도 마찬가지였다.

· 혼자 있는 걸 좋아하고 무관심하며 다른 사람에게 미룬다.
· 각자가 생각한 대로 행동한다 → 실패가 많다.

하지만 여기서도 변화는 나타났다.

· 자기주장을 할 수 있다(도와주었으면 좋겠다, 싫다, 이렇게 하고 싶다, 등).
· 상대의 의견을 들어준다.
· 좋은 생각이 나면 제안해 본다.
· 모두에게 맞추려고 한다.
· 상대방이나 주변 사람들을 배려한다.
· 자기 할 일을 스스로 찾는다.
· 자기가 먼저 다가간다.

이러한 것들이 모두 인지 훈련의 효과인지는 알 수 없지만, 성인에게도 어떠한 변화가 일어나는 것만은 틀림없다.

◈ 널리 알려야 할 인지 훈련의 평가 기능

최근에는 인지 훈련 워크시트의 평가 기능도 주목받고 있다. 성적이 오르지 않는 원인이 인지 기능에 있다고 생각된다면 어떻게 해야 할까? 일반적으로는 학교를 통해 각 지역의 교육 센터 등과 상담하거나, 발달 상담 때 검사하는 방법, 혹은 발달 전문가가 있는 의료 기관에서 진찰을 받으면서 검사하는 방법이 있다.

전자의 경우는 무료로 받을 수 있고 결과에 따라 학교와 연계할 수도 있지만, 시간이 걸리고 아이의 발달 정보가 학교에도 알려진다. 또한, 담당 촉탁의(경우에 따라서는 심리사)의 재량에 따라 대응 방침이 크게 달라진다는 단점도 있다. 후자는 비용이 들지만, 결과는 보호자에게만 전달되므로 아이에게 필요한 배려를 학교 측에 요구하고 싶다면 보호자가 직접 조정해야 한다는 단점이 있다.

특별한 경우가 아니라면 검사는 대체로 지능 검사(대부분 웩슬러 지능 검사)를 받는다. 필요에 따라 추가 검사를 받을 수도 있지만, 지능 수준의 판정이나 인지 기능 특성의 평가에 그치는 경우가 많으므로 학습 부진의 구체적인 원인까지는 밝혀내지 못한다. 만일, 구체적인 원인이 밝혀져 보호자가 해결책을 질문하면 대부분 숙제 분량을 줄이라거나, 시각적인 힌트를 주자는 식의 대증요법적인 조언에 그치는 것이 현실이다. 검사 담당자가 교육 전문가가 아닐 경우 성적을 올릴 방법을 잘 모를 수도 있다.

그러나 보호자나 학교는 시험 성적이 나쁜 이유를 알고 싶어 한다. 검사하는 쪽도 답답하겠지만 보호자로서도 일부러 검사까지 했는데 이해할 수 없는 부분 투성이라고 생각할 수 있다.

과거의 나 역시 이들과 똑같았다. 모 시(市)에서 발달 상담을 할 때, 인지 훈련이 완성되기 전이었기 때문에 학력 부진의 원인을 알고 있어도 해결책을 찾지 못하는 보호자들의 절박함을 보면서 별다른 해결 방법이 없다고 대답할 수밖에 없는 내가 한심하게 느껴져 화가 났다. 대부분 '보호자의 불안을 포기로 바꾸면 끝'이라는 식으로 마무리할 수밖에 없었기 때문이다.

교육 현장에는 인지 기능을 훨씬 쉽게 평가할 수 있고 곧바로 구체적인 지원으로도 이어질 수 있는 것이 필요했다. 그래서 인지 훈련 워크시트를 평가에 사용하기로 했다. 그림 4-39는 '점 잇기' 문제이지만, 사선이 많이 포함되어 있어서 이를 따라 그릴 수 있느냐에 따라 지원의 방향성을 어느 정도는 파악할 수 있다. 똑같이 따라 그리지 못한다면 모양을 확실하게 인

그림 4-39 '점 잇기'

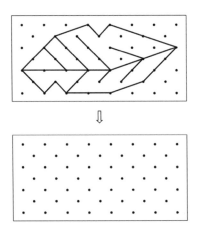

출처: 『인지 훈련, 보기 · 듣기 · 상상하기를 위한 인지 증진 훈련コグトレ　みる・きく・想像するための認知機能強化トレーニング』(미와쇼텐)

140

식하는 힘이 부족함을 의미한다. 글자는 점과 같은 가이드가 없으니 더욱

어려우므로 이러한 문제는 글자 익히기와 병행해야 한다.

또한, 그림 4-40의 '모양 찾기' 문제는 점들 속에서 정삼각형을 찾는 문

제다. 형태 항상성에 관한 훈련인데, 이를 수행할 수 없으면 판서를 옮겨

적을 수 없다.

그림 4-40 '모양 찾기'

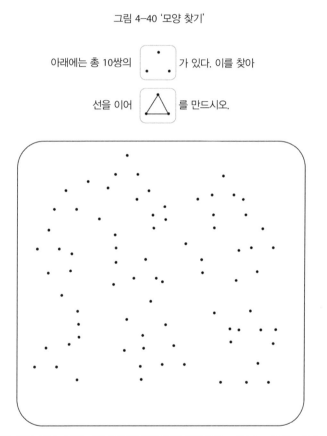

출처: 『인지 훈련, 보기 · 듣기 · 상상하기를 위한 인지 증진 훈련コグトレ　みる・きく・想像
するための認知機能強化トレーニング』(미와쇼텐)

그림 4-41의 '기호 찾기' 문제에서는 바나나와 사과의 수를 센다. 산수를 어려워하는 아이들 중에는 이를 정확하게 세지 못하는 아이들도 있다. 정확하게 수를 세는 능력은 기초 중의 기초이므로 산수 문제를 풀기 이전에 이러한 부분이 부족하지 않은지 확인할 수 있다.

이렇게 다양한 워크시트를 풀게 한 다음 아이들이 부족한 부분을 보호자에게 알려주면 대부분은 앞으로 어떻게 해야 할지를 묻는다. 이때는

그림 4-41 '기호 찾기'

출처: 『쉬운 인지 훈련, 인지 증진 훈련やさしいコグトレ　認知機能強化トレーニング』(미와 쇼텐)

142

어려워했던 워크시트와 같은 유형의 문제를 풀게 하는 방법을 추천하고 있다.

처음에는 '점 잇기'나 '기호 찾기'를 잘 못해도, 간단한 문제부터 순서대로 천천히 연습하면 점차로 풀 수 있게 된다. 예전에는 하지 못했던 쉬운 따라 그리기나 숫자 세기와 같은 문제를 깔끔하게 푸는 것 자체가 그러한 힘을 갖추게 되었다는 뜻이다.

물론, 꼭 인지 훈련 워크시트가 아니더라도 평가는 할 수 있다. 문부과학성의 학습지도요령[14]에 따르면, 정육면체의 이해는 초등학교 4학년의 학습 목표에 해당한다. 다만, 정육면체를 따라 그리는 일 자체는 7~9세의 과제로 규정하고 있으므로, 초등학교 4학년 이상의 학생이 이를 그리지 못한다면 지원이 필요하다는 신호로 본다.

또한, 학습 인지 훈련에는 평가 이외에 다음과 같은 특징이 있다.

· 인지 기능의 범위 대부분을 망라한다.
· 학습 과제의 토대가 되는 인지 기능을 목표로 한다.
· 점 잇기나 퍼즐식 문제 등, 직접적이지 않은 방법을 사용해 아이들의 마음에 상처를 주지 않는 훈련을 할 수 있다.
· 저렴하고 누구나 쉽게, 어디서든 몇 번이고 할 수 있다.

특히 세 번째가 중요하다. 아이들은 글씨, 계산 등과 관련된 시험을 보고

---

14 문부과학성이 학생들에게 가르쳐야 하는 최소한의 학습 내용을 정해놓은 기준이다. 보통 10년 주기로 개정이 이루어진다.

다른 아이에 비해 성적이 좋지 않으면 충격과 상처를 받기도 한다. 그러나, 인지 훈련의 문제는 풀지 못했다고 상처받는 일이 거의 없었다. 인지 훈련은 게임처럼 할 수 있으니 나도 모르는 사이에 능력이 향상된다.

◈ 일본 COG-TR 학회의 설립

2020년 4월, 일반사단법인 일본 COG-TR 협회가 발족되었다. 학교 선생님들이 회원의 절반 정도를 차지했고, 나머지는 심리와 복지, 의료, 사법 등 다양한 분야에 종사하는 사람들로 구성되어 있는데, 약 750명(2022년 7월 기준)이 회원으로 등록되어 있다. 매월 온라인 연수회와 연 1회 학술회(각종 인지 훈련 워크숍)가 개최된다.

학회는 강연회를 나갔을 때의 워크숍을 계기로 설립되었다. 인지 훈련을 실제로 체험하게 하는 워크숍이었는데, 그것이 호평을 받아 2015년에 인지 훈련 연구회의 설립으로 이어졌다. 2015년 11월에는 오사카에서 제1회 워크숍 개최를 발표했는데, 북쪽으로는 홋카이도부터 남쪽으로는 오키나와까지 전국 각지에서 참가 요청이 쇄도해 금세 마감되었다. 취소 대기 인원이 줄을 설 정도였다. 이 연수회는 인지 증진 훈련의 체험과 인지 작업 훈련의 몸을 사용하는 워크숍이 결합된 인지 학습을 체험할 수 있는 초급 코스였지만, 예상외로 호평을 받아 후쿠오카, 도쿄, 나고야, 이와테, 가가와, 히로시마 등 전국적인 개최로 이어졌다.

다만, 연수회가 계속되자 무보수로 해오던 사무 작업이 결국 한계에 달했다. 멤버들 모두 학회의 필요성을 느꼈기에 일반사단법인으로 출범하게 되었다. 현재는 협회와 지방을 연결하는 지방 인지 훈련 연구회가 전국에 13곳이 있다(2022년 9월 기준).

📦 신경 쓰이는 아이들이 학급 평균을 따라잡다

전국적으로 아침 시간에 전교생이 인지 훈련을 하는 학교가 늘고 있다. 대다수의 학교 홈페이지에서도 소개하고 있다. 초등학교의 경우, '조례' 시간 중 5분 정도를 할애한다면 모두가 다 같이 할 수 있다. 하루에 5분이면 크게 부담되지도 않는다. 참가자들은 일본 COG-TR 학회의 학술회를 통해 큰 깨달음을 얻을 수 있는 독자적인 사례들을 공유받을 수 있는 귀중한 기회를 얻게 된다. 여기서 학술회에서 발표된 내용 중 일부를 소개한다.

한 초등학교 6학년 학급에서는 제2장 '인지 기능이 취약한 아이들'에서도 소개한 '기호 찾기' 문제를 실시했다. 약 50개 정도의 삼각형을 세는 문제였는데, 그래프에서 아래에 있는 선이 반 전체의 오답 수 평균이다. 대체로 한 개가 있을까 말까한 수준이었다. 위에 있는 선은 담임선생님이 선택한 신경 쓰이는 아이들 아홉 명의 평균으로, 시작 초기에는 평균적으로 무려 7개나 빠뜨렸다(그림 4-42). 처음에는 그 차이가 매우 컸다. 하지만 주 1회 훈련을 계속하니 5회차 정도 되자 이 아이들이 반 평균을 따라잡아 두 그룹 간의 격차가 사라지게 되었다. 이 학교에서는 초등학교 3학년을 대상으로 레이복합도형검사 또한 실시했다. 그 결과, 9개월이나 걸렸지만, 아이들의 실력이 향상되었다(그림 4-43).

다음은 오사카의 한 초등학교에서 1학년 전체를 대상으로 실시한 예다(

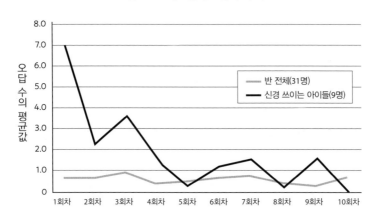

그림 4-42 '기호 찾기' 오답 수 추이

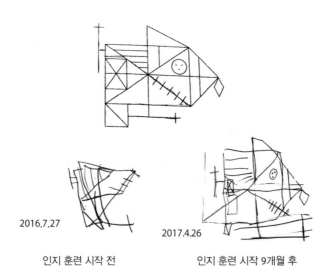

그림 4-43 여러 도형 따라 그리기

2016.7.27

인지 훈련 시작 전

2017.4.26

인지 훈련 시작 9개월 후

그림 4-44). 훈련 전후로 실시한 '기호 찾기', '모양 찾기', '순서 결정하기'의 문제에 대한 점수 변화 결과를 그래프로 나타냈다. 실선이 학년 전체 평균, 점선이 낮은 점수를 받은 학생(하위 15% 정도로, 대략 경계선 지능에 해당)이다. 훈련은 수개월에 걸쳐 실시되었다.

그림 4-44 훈련 전후로 실시한 '기호 찾기', '모양 찾기', '순서 정하기' 워크시트 점수 변화 결과

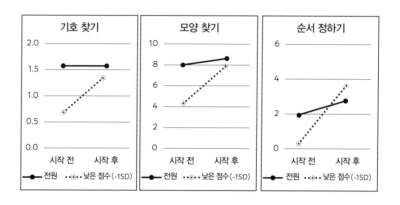

천장 효과(ceiling effect)[15] 덕분에 학년 전체적으로는 크게 늘지 않았지만, 점수가 낮았던 아이들은 학년 전체의 평균을 따라잡을 정도로 크게 향상되었다. 이처럼 낮은 점수에 머무르던 아이들이 평균을 따라잡을 수 있다는 점은 인지 훈련의 특징 중 하나다.

또한, 이 초등학교에서 인지 훈련을 받은 통합 학급(통합 지도 교실. 그레이 존에 있는 아이들이 소속된 학급) 학생 중 약 30%는 일반 학급으로 반이 재배정된 뒤 새로운 반에 잘 적응했다고 한다. 통합 학급의 학생들을 일반 학급으로 돌려보낼 가능성도 엿보이는 대목이다.

---

15 실험의 처리 결과가 매우 효과적이거나 검사 문제의 수준이 너무 낮아 모든 참가자가 좋은 점수를 받는 것을 가리킨다.

⬦ 인지 훈련을 둘러싼 오해

한편, 인지 훈련을 둘러싼 오해도 최근 증가하고 있다. 이에 대해서는 세 가지 정도를 언급할 수 있다.

첫 번째는 '인지 훈련은 지능 지수(IQ)를 늘리기 위한 훈련'이라는 오해다. IQ는 지능 검사를 통해 지능의 극히 일부를 측정한 값에 불과하다. 하지만 인지 훈련은 인지 기능처럼 생활에 꼭 필요한 것을 대상으로 한다. 상대방의 기분을 헤아릴 때 표정을 읽어내고(시각 인지) 어떤 기분인지 상상하는(추론) 인지 기능을 사용하는 것처럼 말이다. 어떤 일이 불러올 결과를 상상하는 힘도 그렇다. 또한 인지 훈련은 사회, 학습, 신체적인 면에서 아이들을 지원하는 포괄적 훈련을 총칭하는 말이므로, 지능 지수(IQ)를 높이는 훈련으로 볼 수 없다.

두 번째는 '인지 훈련을 하면 학업 성적이 올라간다'라는 오해다. 결과적으로 성적이 올라갈 수도 있다. 하지만 그 자체가 목적은 아니다. 인지 훈련은 어디까지나 학업의 토대가 되는 '외우기, 세기, 베끼기, 발견하기, 상상하기'와 같은 머릿속의 기초 체력을 향상시키기 위한 것이다. 인지 훈련의 역할은 어디까지나 학력의 토대 강화까지다. 성적 향상은 학교 선생님들의 몫으로 남겨두어야 한다.

세 번째는 '인지 훈련은 아직 검증되지 않았다(학교에서 전문적으로 검사할 수 없다)'라는 점인데, 글씨 연습하기, 구구단 외우기, 숫자 세기, 산수 문제 풀기, 막대 잡기, 상대방의 기분 상상하기, 적절한 인사를 생각하기, 제대로 된 해결법을 생각하기, 위험을 감지해 보기 등을 아이에게 시키고자 할 때 검증이 필요할까? 그저 이러한 것들을 할 수 없다면, 가능하도록 연습시킬

뿐이다. 그것이 목적이다. 인지 훈련 또한 마찬가지다. 따라 그리거나 수를 정확하게 세는 등, 하지 못했던 일을 할 수 있도록 할 뿐이다. 그 이상도 그 이하도 아니다. 애초에 검증과는 아무런 관련이 없다.

본인의 페이스, 능력, 의욕 등을 고려하지 않고 일방적으로 인지 훈련을 시킬 수 있다는 점은 우려할 만한 사안이지만, 이는 비단 인지 훈련만의 문제는 아니다. 교재에 상관없이 그것을 어떻게 이용하느냐가 관건이다.

또한, 각각의 인지 훈련은 애초에 그 내용이 새롭지도 않다. 예전부터 계속 사용해오던 것들을 선생님들이 사용하기 편리하도록 효율적으로 정리해 제공하고 있다고 할 수 있다. 종종 인지 훈련을 비판하는 사람들을 볼 수 있는데, 인지 훈련을 아이들에게 충분히 사용해보지 않았기 때문이라고 생각한다. 그런 사람들에게는 어려움을 겪는 아이들에게 무엇을 해주었는지 반문하고 싶다. 만일 아무것도 하지 않고 비판만 한다면 그 피해는 결국 눈앞의 어려움을 겪는 아이들이 고스란히 받게 될 것이다.

⬡ 인지 훈련이 제대로 진행되지 않는 경우

인지 훈련이 큰 효과를 보지 못했다는 이야기를 들은 적이 있다. 그 원인을 종합하면 역시 실시 방법이 가장 큰 문제인 듯하다.

우선, 도입하기 전 평가가 충분하지 않을 수 있다. 인지 훈련은 그 아이에게 맞는 문제를 얼마나 잘 선택하느냐가 핵심이다. 문제는 너무 어려워도, 또 너무 쉬워도 안 된다. 문제가 너무 어렵다면 난이도를 낮추거나 힌트를 줄 수도 있다. 또, 애초에 인지 훈련이 필요하지 않은 아이도 있다. 원래 똑똑하고 어떤 일이든 척척 해내는 아이는 굳이 훈련 시킬 필요가 없다. 인지 훈련은 어디까지나 학습의 토대를 다지기 위한 것이기 때문이다.

동기부여가 제대로 되지 않는 경우도 있다. 인지 훈련을 충분하게 파악하지 못한 지도자가 일방적으로, 혹은 기계적으로 문제를 풀게 한다면 제대로 수행할 수 있는 사람은 없다.

또한, 실시 횟수가 극단적으로 적을 때도 있다. 한 달에 두 번만 하고서는 효과가 없다고 하는 것이다. 한 달에 두 번 구구단을 외우거나 글씨를 연습하면 실력이 늘지 않는 것처럼 인지 훈련 역시 적어도 주 2회 정도는 해야 효과를 볼 수 있다.

나아가, 효과에 대한 근거도 간과할 수 없다. 인지 훈련은 기본적으로 제시된문제 이외의 분야로 효과가 확산되지 않는다. '발견하기' 문제가 독해력 향상, 작업 기억의 향상, 따라 그리기 실력의 향상에도 효과적일 거라 보지 않는다는 말이다. 과거에는 인지 훈련과는 거의 상관없는 검사로 효과를 판정했기 때문에 이러한 훈련이 효과가 없다고 말하는 시설도 있었다.

마지막으로 개인차에서 오는 문제를 살펴보기로 한다. 인지 기능이 떨어져 생기는 지적 장애에는 다양한 요인이 발견되었는데 크게는 생물학적 요인, 사회적 요인, 행동적 요인, 교육적 요인 등으로 나뉜다. 그중 생물학적 요인에는 염색체 이상과 유전자 질환, 대사이상, 뇌 발달 이상 등이 해당한다. 지적 장애는 이러한 생물학적 요인으로 인해 발생하는 기질적 질환 중하나로, 치료가 어렵다는 염색체 이상과 유전자 질환이 합쳐져 발생한다. 그러니 이러한 지적 장애에서 나타나는 인지 기능의 취약함은 인지 훈련이 효과를 어려운 측면이 있다.

다만, 해보지 않으면 알 수 없다. 보호자는 자녀를 조금이라도 성장시키고 싶어 한다. 예전에 사람과 의사소통을 하지 못했던 중증에 가까운 중등도의 지적 장애 소년에게 인지 훈련을 시켜본 적이 있는데, 비록 시간은 오래 걸렸지만 도형을 베껴 그리는 힘은 확실히 늘었다. 나는 보호자에게 이렇게 이야기했었다.

"아이의 능력이 얼마만큼 성장할지는 알 수 없습니다. 다만, 조금이라도 아이 스스로 할 수 있도록 최선을 다하겠습니다."

◇ 새로운 인지 훈련의 시도

학습 지도 요령과의 연계: 인지 훈련의 목적인 학습의 토대 쌓기가 실제 교과 학습인 국어, 산수, 과학, 사회, 영어 중 구체적으로 어디와 어떻게 연계되어 있는지는 아직 밝혀진 바 없다. 그래서 지금은 그러한 학습의 토대와 학교 교육을 잇는 작업이 진행되고 있다.

학습 지도 요령에는 학년별로 수행해야 할 학습 목표가 정해져 있고 단계별로 학습의 토대가 되는 항목이 나열되어 있다. 초등학교 1학년의 산수 학습 지도 요령(해설) 중 '수와 계산', '도형'에는 다음의 내용이 기재되어 있는데, 밑줄 친 부분은 인지 훈련의 워크시트에도 포함된 내용이다.

숫자의 구성과 표기법: 개수 비교하기 / 개수와 순서 세기 / 수의 크고 작음, 순서와 수직선 / 두 자릿수의 표기법 / 세 자릿수 단순 표기법 / 십 단위 숫자 읽는 법 / 한꺼번에 세거나 등분하기

이러한 항목을 인지 훈련에 접목시키는 중이다. 이와 같은 연계를 통해
아동에게 부족한 학력을 보완하고자 한다.

유아용, 카드 게임, 온라인 버전: 일부 유치원이나 어린이집에서도 인지
훈련이 실시되고 있다. 어린이는 놀이를 통한 학습이 제일 빠르기 때문에
어디까지나 보조 수단으로서 도입한 것이다. 당연히, 억지로 시키는 건 좋
지 않다. 인지 훈련을 재미있게 하고 이를 통해 배움의 즐거움을 체험할 수
있으면 된다.

다만, 자신의 아이가 인지 기능에 문제가 있는 건 아닌지 걱정된다면 『그
림책 인지 훈련^{えほんコグトレ}』(도요칸출판사)과 같은 유아용 인지 훈련을 시험해
봐도 좋다. 이 책은 인지 기능을 사용하면서 읽는 그림책이다.

그밖에 카드 게임 형식의 인지 훈련인 'COGET'(도요칸출판사)도 있다.
세 가지 유형의 카드 게임을 하면서 인지 기능을 단련한다. 교재는 아이들
의 성장 단계에 따라 다양하게 있으니 아이의 상황에 맞게 골라 사용하도
록 하자. 실제 현장에서도 'COGET'로 재미있게 훈련하는 모습을 목격할
수 있었다. 게임이라는 특성을 살려 학습에 어려움을 겪는 아이도 저항감
없이 받아들일 수 있다.

지금은 모든 초등학교에서 ICT 단말기를 인당 1대씩 지급하는 시대다.
이에 따라 『인지 훈련 온라인』(도쿄서적)이라는 교재도 나왔다. 지금까지는
학교 선생님이 아이들에게 인지 훈련으로 결과를 평가하려고 하면 워크시

트를 출력하고 계획에 따라 아이들에게 문제를 풀게 한 뒤 답안지를 걷어 채점해 결과를 관리하는 방대한 작업이 필요했다. 하지만, 이제는 PC나 태블릿 PC를 이용해 자동으로 관리할 수 있게 되었다. '첫 단어와 박수' 문제는 앱이 문장을 전부 읽어 준다. 문제도 자동으로 준비된다. 선생님은 앱을 통해 아이들이 잘 하는 것, 못 하는 것, 진도율 등을 알 수 있게 된다.

어른을 위한 인지 훈련: 아직 효과가 검증되지는 않았지만, 인지 훈련은 아이들뿐 아니라 성인들이 풀어도 된다. 시중에 나와 있는 다양한 치매 예방용 뇌 훈련 교재와 문제들이 비슷하니 적용해볼 수 있다. 교도소에서 성인을 대상으로 인지 훈련을 하는 히로시마 대학의 사례를 보면 수감자들이 어려워하는 부분을 알 수 있다.

'단계식 문제 해결 훈련'을 받은 수감자들에게서 유연한 사고를 어려워하는 경향이 보였다. 무언가 어려운 점이 있으면 해결책을 함께 모색하면 되는데, 누군가가 어떠한 방법을 이야기하면 다른 사람들도 모두 따라 하겠다고 할 뿐 스스로 생각하려고 하지 않았다. 사회로 돌아갔을 때, 누군가의 주동에 휩쓸려 도둑질에 가담하는 상황과 비슷하다고 생각했다. 경직된 사고는 생활을 어렵게 하는 요인 중 하나고, 반대로 유연한 사고는 '똑똑함'의 요소 중 하나다. 사고가 유연한 사람은 어떠한 돌발 문제가 발생해도 적확하게 대응하기 쉽다.

또한, 최근에는 '미래 계획 기억(prospective memory)'이라는 기억력이 주목을 받고 있다. 기억력 문제는 대부분 어떠한 것을 기억하라는 문제를 낸 뒤 곧바로 그것이 무엇이었는지를 묻는 형식이다. 물론, 이러한 기억은 일상생활에서도 필요하다. 하지만 그밖에도 언제 무엇을 하겠다는 미래의 예정된 일을 기억하는 것 또한 중요하다. 자기 전에 약 먹기, 화요일에는 쓰레기 버리기, 오늘 몇 시부터 회의하기, 다음 주 약속은 몇 시, 등을 '미래 계획 기억'이라고 한다. 나이를 먹으면 이 미래 계획 기억 능력이 떨어지는데, 인지 훈련은 이러한 기억력의 저하를 막을 수 있다.

구체적인 예를 들어보자. 어떤 아르바이트생이 있다. 이 사람에게 근무 첫날에 동료의 이름을 외우게 한다. 그리고 나흘째 되는 날에 동료의 이름이 무엇이냐고 질문해 이름을 떠올리게 한다. 또한, 어느 날은 고객이 했던 말을 외우게 하고 일주일 후에 기억하게 하는 문제를 내는 식이다. 1~2개월에 걸쳐 읽으면서 스토리 상으로 앞서 나왔던 사건을 나중에 떠올리게 하는 만화 형식의 문제도 있다.(『의사가 고안한 기억력을 계속 단련시키는 퍼즐 인지 훈련医者が考案した記憶力をぐんぐん鍛えるパズル コグトレ』(SB Creative), 『어른의 뇌 강화 훈련大人の脳強化ドリル』(겐토샤)).

민간 학원의 도입: 초등학교뿐 아니라 인지 훈련으로 지도하는 민간 학원도 늘어나고 있다. 2020년에 오사카부大阪府 스이타 시吹田市에 '인지 훈련 학원'이, 2021년에는 요코하마에 '인지 훈련 교실'이 개설되었는데, 오사카의 학원에서는 지금까지 총 150명 이상의 아이들이 인지 훈련을 경험했다.

인지 훈련 학원에 다니는 아이들과 관련된 일화를 하나 소개한다. 초등학교 3학년인 S는 약 2년 전에 경도의 지적 장애 진단을 받았다. 그래서 2019년 9월부터 인지 훈련을 받기 시작했다. 학원에서는 우선, 그때까지의 성장 환경에 대해 파악했다. 지능 검사나 평가지를 통해 평가한 뒤 본인에게 최적화된 훈련 플랜을 작성했다. S는 처음에는 복잡한 그림은 전혀 따라 그리지 못했다. 그러나 8개월 정도 지나자 확실하게 그릴 수 있게 되었다. 상당한 진전을 보인 셈이다. 보는 힘을 기르며 모양을 파악할 수 있게 되었기 때문인지, 훈련을 시작하기 전에는 비뚤배뚤 엉망이던 글씨도 지금은 바르게 쓸 수 있게 되었다.

보호자는 TV 특집 방송의 인터뷰에서 이렇게 이야기했다.

"아이가 하지 못했던 이유, 말하지 못했던 이유를 알게 되었습니다. 지금까지는 어른의 시선으로만 아이를 바라보고 있었더군요. 인지 훈련의 힘을 빌리면 분명 우리 아이도 할 수 있는 일이 늘어나고 자신감이 생길 거라는 희망이 생겼습니다. 그리고 아이를 믿어주게 되었습니다."

이 학원은 한 학기에 60분 수업을 총 24번 진행한다. 한 학기가 끝나도 연거푸 재등록하는 아이들이 있을 정도로 재등록률이 높다. 멀리 떨어진 곳에서 찾아오는 보호자와 아이도 있었다.

일반 학교에서는 일정상 이러한 학원들과 똑같이 수업할 수 없다. 또한, 별도의 학원비가 드니 누구나 이용할 수도 없다. 하지만, 인지 훈련의 효과를 알 수 있다는 점에서는 무척 유의미하고 볼 수 있다. 이 정도의 노력으로도 아이들이 바뀌지 않는다면 학원보다 훈련의 빈도가 적은 가정이나 학교에서는 효과를 거두기 힘들 수 있다. 하지만, 아이들이 얼마만큼 훈련했을 때 변화하는지가 눈에 보인다는 점에서 그 훈련의 양을 가늠하는데 중요한 지표가 될 것이다.

제5장

아이들의 의욕을 북돋아 주는 방법

"나는 소년원의 소년들에게 더 현실적인 이야기를 해주었다. 소년원의 소년들은 대부분 중졸이다. 그들에게 고등학교 졸업장이 필요하다는 사실을 깨닫게 하고자 중졸과 고졸의 월급 차이를 언급했다. 건설 현장에서 일할 테니 중졸이면 충분하다고 이야기한 소년에게는 젊었을 때야 육체노동의 월급은 많이 차이 나지 않지만 4, 50대가 되어도 월급이 크게 오르지 않으니 다른 직업과 비교했을 때 차이가 벌어진다고 그래프를 그려가며 설명했다. 그러자 소년들의 눈빛이 달라졌다. 중졸이어도 괜찮다는 아이들의 수도 줄어들었다."

당연하지만 보호자나 선생님은 아이들이 의욕적이기를 바란다. 하지만 의욕을 가지라고 말해도 그것만으로는 아이들이 말을 잘 들을 리가 없다. 이럴 때는 어떻게 해결해야 할까? 나는 지금까지 소년원이나 아동·사춘기 정신과[16]에서 무기력한 비행 청소년이나 아이들을 보아왔다. 하지만 이들 중에도 어떠한 일을 계기로 의욕적으로 돌아선 아이들이 꽤 있다. 그리고 이들에게서 보이는 공통점이 있다.

마지막 장에서는 아이들의 의욕을 북돋아 주어 조금이라도 능력을 향상시키고자 하는 사람들에게 힌트가 될 만한 내용을 전하고자 한다.

◇ 부모가 먼저 공부하라

어느 시대든 부모는 아이들이 공부하는 습관을 들이기를 원한다. 그러한 부모를 볼 때마다 나는 그 부모는 과연 어떠한지 묻고 싶다.

아이들은 자신의 주변에 있는 어른을 본보기로 삼아 다양한 것을 배운다. 그래서 부모는 아이의 인생에 첫 번째 롤모델이 된다. 내 지인 중에 퇴근하면 자기 전에 꼭 책을 읽는 사람이 있다. 시간은 그때그때 다르지만 매일 책을 읽는다. 그러자 그 집 아이도 책을 읽기 시작했다고 한다. 공부도 마찬가지다. 퇴근 후 집에서 항상 책상에 앉아 무언가를 공부하는 부모의 모습을 보고 있으면 아이들도 뭔가 해야겠다고 생각한다. 하지만, 집에서 술이나 마시면서 TV를 보는 부모가 아이에게 공부하라고 한들 설득력이 있을 리 만무하다. 아이가 공부하기를 원한다면 부모가 공부하는 모습을

---

16 (역자 주) 우리나라의 소아청소년 정신과에 해당한다.

보여주면 된다.

만일, 아이가 스마트폰을 보는 시간도 줄이길 원한다면 부모도 스마트폰을 멀리해야 한다. 하지만 요새 지하철을 타보면 다들 스마트폰만 들여다보고 있다. 이런 상황에서 아이에게만 그만두라고 하는 건 말도 안 되는 일이다.

◇ 정말 집중력이 부족한가?

아이들에게 집중력을 요구하는 부모도 많다. 만약 아이가 책상에 앉은 지 10분도 안 돼서 산만하게 군다면 ADHD 등의 발달장애일 수 있으니 약물치료를 받으면 된다. 하지만 대다수의 아이들은 이보다 훨씬 근본적인 원인이 있을 것으로 보여진다. 그중 하나가 공부를 재미없어한다는 점이다. 누구든 게임처럼 재미있는 것은 몇 시간이고 매달릴 수 있다. 아이가 5분, 10분도 학교 수업에 집중하지 못한다면 아마 수업 자체를 재미없다고 느낄 것이다.

내가 다니던 대학은 90분 수업이었다. 하지만, 수업시간 내내 교수님만 일방적으로 말을 하니 수업이 끝날 때까지 집중력을 유지하는 학생은 거의 없었다. 반대로 처음 보는 재미있는 영상을 틀어주거나 강의 내용에 공을 들여 설명하면 학생들도 무척 집중하곤 했다. 만일, 교수가 조금이라도 틈을 보이면 눈 깜짝할 새에 학생들은 웅성거리거나 스마트폰을 만지작거리기도 하고, 심지어 엎드려 자기도 한다. 그러므로, 아이들이 학교 수업에 집중할 수 없는 건 교사의 문제도 크다고 생각한다.

한편, 결정적으로 아이들에게 집중력이 부족하다는 생각이 들 때도 있다. 그럴 땐 인지 훈련의 인지 증진 훈련에 포함된 '기호 찾기' 등을 시험해봐도 좋다. '기호 찾기'는 약 1~2분 정도의 짧은 기억력과 집중력을 높이기 위한 훈련이라 집중력도 평가할 수 있다. 만일, 2분 이내에 50 정도의 숫자를 정확하게 셀 수 있다면 집중력이 크게 부족한 편은 아니다.

◇ 집중력과 바른 자세

집중력을 키우려면 일단은 아이들의 특성을 관찰해야 한다. 어떨 때 잘 집중하고 몇 분이 지나야 집중력이 흐트러지는지 등을 확실하게 파악하는 일이 중요하다. 만일, 집중력을 유지하는 시간이 10분이라고 한다면 공부를 시작한 지 8~9분 정도 지나면 슬슬 집중력이 떨어질 타이밍이다. 이때 아이에게 격려하는 말을 건네보자. 그러면 그 아이의 집중력이 리셋되어 다음의 10분 동안 집중할 수 있다.

이처럼 아이의 행동을 관찰하고 어떻게 하면 아이가 집중을 유지할 수 있는지 데이터를 많이 축적해야 한다. 초등학교에서는 일반적으로 선생님의 눈에 잘 띄는 맨 앞자리가 집중력 유지에 좋다고 하지만 뒷자리가 집중이 잘 되는 아이도 있다. 이처럼 아이에 따라 최적화된 학습 환경은 제각각이다.

아이가 의자에 앉은 자세를 신경 쓰는 보호자도 있다. 그러나, 아이에게 등을 세우고 똑바로 앉으라고 해도 본인이 자세를 직접 확인할 수 없으니 어떻게 해야 할지 모른다. 이런 경우는 등을 의자에 딱 붙이고 발은 모으라는 식으로 구체적으로 지시하면 좋다.

다만 코어 근육이 약한 아이도 있으니 자세가 나쁜 원인을 하나로 단정 지을 수는 없다. 똑바로 앉으려고 해도 코어 근육과 근긴장도가 떨어져 자세가 허물어지기 때문이다. 이럴 때는 코어 근육을 단련하는 훈련이 좋다. 10초 동안 천천히 일어나거나 앉는 동작부터 가볍게 시작해보자. 실제로 이러한 동작을 해보면 복근과 등 근육, 다리 근육을 꽤 사용한다는 사실을 알 수 있다. 이렇게 하면서 조금씩 코어 근육을 길러 나간다.

◇ 무시할 수 없는 친구의 영향력

아이들이 공부에 관한 의욕을 유지하게 하려면 어떻게 접근하면 좋을지 살펴보자. 한 아이의 이야기다. 이 아이는 초등학교 5학년 정도까지 거의 공부를 하지 않았고 성적도 중간 정도를 유지했었다. 하지만 5학년이 되면서 갑자기 공부하기 시작하더니 그때부터 성적이 쭉쭉 올랐다. 친한 친구가 유명 사립 중학교의 입학시험을 치르겠다고 말한 것이 계기인 듯했다. 이 아이는 입학시험이 뭔지도 몰랐지만, 친구가 같이 놀지도 않고 학원에서 공부하는 모습을 보며 자극을 받은 듯했다.

때로는 부모보다 친구의 영향력이 클 때가 있다. 주변에 이러한 자극을 주는 아이가 있다면 큰 동기부여로 이어질 수도 있다. 그러니 부모로서는 꾸준히 공부하는 아이나 열심히 하는 아이와 친하게 지내기를 바랄지도 모른다. 하지만, 부모가 원하는 아이와 꼭 친해지라는 법은 없다.

다소 계산적일 수는 있으나, 보호자끼리 사이좋게 지내는 방법도 있다.

열심히 하는 아이는 보통 보호자도 비슷하다. 적극적으로 말을 걸어 친해지거나 가족끼리 친하게 지내는 방법도 추천한다.

◈ 공부하라는 말은 금지

뒤처리나 정리정돈이 서툰 아이도 있다. 여기에는 다양한 요인이 있다. 아이가 스스로 정리하려고 할 때, 어른이 쓸데없이 빨리 치우라고 한다면 하기 싫어지기도 한다. 어른의 잔소리를 듣고 치우는 셈이 되기 때문이다.

공부도 마찬가지다. 공부하라는 말을 듣고 책상에 앉는다면 부모가 시켜서 한 일이 되어버린다. 그리고 공부하라는 말에 아이가 움직였다면 부모는 역시 잔소리를 해야만 행동으로 옮긴다고 생각해버린다. 그래서 아이가 공부나 정리를 하지 않으면 계속 잔소리를 하게 된다.

반면 어떠한 일을 해야겠다고 생각했는데 부모가 계속 잔소리하면 아이는 의욕이 사라진다. 하기 싫다고 반발하는 역효과를 불러올 수도 있다. 어른들의 지나친 행동은 자칫 아이들의 의욕을 꺾을 수도 있다는 말이다. 아무 말도 하지 말고 어른이 모범을 보인다면 아이들도 언젠가는 알아차린다. 아이들의 의욕을 고무시키려면 이 방법이 최선이라고 생각한다.

◈ 책을 좋아하게 하려면

아이가 독서를 싫어한다면 어른이 억지로 시키기 때문일지도 모른다. 나도 어린 시절 부모님으로부터 옆집에 사는 아이가 읽고 감동받은 책이라며 읽어보라는 말을 들은 적이 있다. 하지만 책을 읽어도 눈물이 나질 않았다. 재미가 하나도 없었다. 부모님이 책에 대한 감상을 묻기에 불쌍했다고 대답했다가 그게 다냐며 혼이 났다. 그래서 옆집 아이는 천사처럼 착한데 나는 그렇지 않은 아이라고 생각했다.

여름방학에 해야 하는 독후감 숙제 또한 책을 싫어하게 만드는 큰 요인 중 하나라고 생각한다. 읽기와 쓰기에는 큰 차이가 있다. 쓰기 능력이 약한 아이에게는 고통스러울 뿐이다. 하지만 어른들은 책을 읽으면 꼭 감상을 말하거나 기록하게 한다.

'책을 읽어도 아무 말도 하지 않기', '감상을 묻지 않기', '아무것도 쓰지 않기', 이 세 가지를 어른들이 철저하게 지켜줬으면 좋겠다. 그러면 책을 싫어하는 아이도 안심하고 책을 읽을 수 있게 될 것이다.

아이가 책을 좋아하게 만들려면 역시 자연스럽게 책과 친해지는 것부터 시작해야 한다. 같이 서점에 가는 건 어떨까? 어른이 좋아하는 책을 고르는 사이 아이는 마음대로 돌아다니게 하는 것이다. 아이가 서점에 다양한 책이 있다는 인상을 받는다면 그걸로 충분하다. 책의 장르는 상관없다. 만화 코너에 간들 어떤가. 요새 나오는 만화는 예전과는 달리 어른들도 배울 점이 많을 정도로 그 내용이 탄탄하다. 책을 읽어보고 싶은 마음은 여기서부터 생겨난다. 그러니 일단은 책 자체와 친해지는 것부터 시작해야 한다.

◇ 과학, 사회 공부를 위한 기초

곤충 관찰, 구름의 이동, 전기 실험과 같은 과학 학습은 아이들에게는 분명 재미있을 것이다. 그런데도 싫어하는 아이가 생기는 이유는 무엇일까. 이 또한 독후감과 마찬가지로 공책에 실험 결과를 정리하는 것을 하나의 요인으로 볼 수 있다. 특히, 필기를 어려워하는 아이라면 실험 자체는 재미있을지 몰라도 그 결과를 공책에 정리해야 하니 과학을 어려워할 가능성이 있다. 일단은 그러한 '어려움'으로부터 벗어나 관찰과 실험을 즐기는 자세가 중요하다.

또한, 초등학교의 과학 수업에서는 물리, 화학, 생물, 지구과학 등을 총망라해 공부한다. 전지나 모터를 비롯해 화학 실험, 식물, 천체도 배우는데 전기는 잘 이해해도 식물은 어려워하는 아이도 있다. 직렬연결도와 병렬연결도를 보고 전기가 어떻게 흐르는지 생각하는 것은 즐거워도 씨앗이나 뿌리라는 단어를 들으면 진절머리를 치기도 한다. 하나도 빠짐없이 공부해야 하니 싫어지는 건 당연할지 모른다. 그러니 우선은 좋아하는 것만 공부하게 해도 괜찮지 않을까?

사회 과목도 마찬가지다. 어른의 눈에 역사는 재미있는 분야다. 하지만 싫어하는 아이는 싫어한다. 또한, 흔히 사회는 암기과목이라고 한다. 어른들이 내용을 외워두면 편하다고 이야기한다. 하지만, 아이들은 '암기'라는 소리를 들은 시점에서 벌써 역사가 싫어진다.

나는 초등학교 시절, 대하드라마를 보라는 소리를 자주 들었다. 억지로 보기는 했지만 초등학생의 눈에는 어디가 재미있는지 알 수가 없었다. 부모님은 재미있게 보셨지만, 아직 역사의 기초 지식조차 거의 없는 나로서는 이해가 되지 않으니 그저 고통스러울 따름이었다. 게다가 대하드라마는 매회가 재미있는 것도 아니었다. 드라마의 구성상 이야기가 평탄하게 흘러는 따분한 회차도 분명히 있다. 그러한 회차를 보게 된다면 대하드라마뿐만 아니라 역사까지 싫어질 수도 있다.

또한, 사회 과목은 암기력과 더불어 국어 능력도 필요하다. 교과서를 읽고 확실하게 이해해야 하므로 독해력이 부족한 아이는 사회를 싫어하기도 한다. 그래서 사회 과목은 공부하기 전에 먼저 문장을 읽는 힘을 익혀야 한다. 또 지리 과목은 도형이나 지형의 숫자를 읽을 수 있는 수학적인 힘도 필요하다.

그러므로 초등학교 1, 2학년 때 국어와 수학 능력이 취약한 아이는 초등학교 3학년부터 배우는 과학과 사회가 어렵게 느껴진다. 이때는 아이의 독해력과 그림을 읽어내는 능력을 헤아려주어야 한다.

◈ "왜 공부해야 해?"라는 질문을 받는다면

아이에게 공부하라고 했더니 거꾸로 왜 공부해야 하느냐는 질문을 받은 경험이 한 번쯤은 있을 것이다. 이에 대해 어떻게 대답하면 좋을까?

어른들이 자신의 경험을 토대로 조언해주는 일은 크게 문제 되지 않는다. 조금 더 열심히 공부할걸, 조금 더 열심히 할걸, 하고 진심으로 후회하는 어른들도 많으니 말이다. 조금 더 열심히 공부할 걸, 하고 후회하는 이유는 무엇일까? 이에 대해서는 조금 더 열심히 했다면 원하는 학교에 합격했을지도 모른다, 영어를 잘 몰라 항상 다른 사람에게 부탁하는 게 부끄럽다, 수학은 논리적인 사고를 훈련하는 과목이니 조금 더 열심히 훈련했다면 잘못된 업무 판단을 내리는 일이 없었을지도 모른다, 역사를 잘 몰라서 종종 친구들의 대화에 낄 수 없다, 와 같이 솔직하고 구체적으로 이야기해도 좋다.

자신의 가능성을 넓힐 수 있다는 지극히 일반적인 대답은 필요 없다. 그렇게 말해도 아이들은 잘 이해하지 못한다. 훨씬 구체적으로 본심을 이야기하지 않으면 아이들의 마음에 와닿지 않는다.

나는 소년원의 소년들에게 더 현실적인 이야기를 해주었다. 소년원의 소년들은 대부분 중졸이다. 그들에게 고등학교 졸업장이 필요하다는 사실을 깨닫게 하고자 중졸과 고졸의 월급 차이를 언급했다. 건설 현장에서 일할 테니 중졸이면 충분하다고 이야기한 소년에게는 젊었을 때야 육체노동의 월급은 많이 차이 나지 않지만 4, 50대가 되어도 월급이 크게 오르지 않으니 다른 직업과 비교했을 때 차이가 벌어진다고 그래프를 그려가며 설명했다. 그러자 소년들의 눈빛이 달라졌다. 중졸이어도 괜찮다는 아이들의 수도 줄어들었다.

그렇다고 해서 싫었던 공부가 좋아지는 건 아니니 고민이 사라지는 건 아니지만, 그래도 고등학교에 가야겠다며 공부에 대한 의욕을 불태우기도 한다.

◈ 현명하게 칭찬하기

칭찬 자체는 매우 좋다. 하지만, 별것 아닌 일에도 계속 칭찬한다면 전혀

마음에 와닿지 않을 것이다. 그러니 칭찬하는 타이밍과 횟수, 그 내용을 고려해야만 한다. "공부를 못해서 고민하는 아이에게 착하다거나 달리기가 빠르다는 등 공부와 전혀 상관없는 칭찬을 해서는 문제가 해결되지 않는다. 또한, 뭐든 대단하다, 잘한다, 하는 칭찬으로도 아이들을 감동시킬 수는 없다." 『아이들이 걱정된다子どもが心配』(PHP 신서)에 실린 요로 다케시 씨와의 대담에서 한 이야기이다.

칭찬할 때는 아이 스스로가 열심히 했다고 생각하는 부분을 칭찬해야 한다. 이것이 핵심 중 하나다. 아이들은 칭찬받은 일 자체는 물론이고 자신의 노력을 확실하게 인정받았다는 사실에 기뻐한다.

하지만, 혼을 내서 성장시키려고 한다면 어떨까? 일단 나는 아이들을 혼내지 않고 스스로 생각하게 한다. 자신이 한 행동을 어떻게 생각하는지 묻는 것이다. 무언가 혼이 날 법한 행동을 했다면, 대부분의 아이들은 스스로도 나쁜 짓을 했다고 생각하기 마련이다. 이렇게 괴로워하고 있을 때 어른에게 혼까지 난다면 실패했다고 지적받는 셈이니 더욱 괴로워진다. 가령 아이들이 위험한 행동을 해서 다쳤다면 가장 괴로운 건 바로 본인이다. 거기에 질책까지 더해진다면 더욱 비참해질 것이다. 아이들이 마음을 닫아버릴지도 모른다.

다른 아이들의 똑같은 실패를 통해 교훈을 얻게 하는 것도 좋은 방법이다. 지각을 밥 먹듯이 하는 아이라면, 다른 아이가 지각할 때의 상황을 관찰하게 하고 이를 어떻게 생각하는지 묻는 식이다. 부끄러움을 느끼지 않도록 아이의 체면을 유지해주면서, 지각하면 모두에게 폐를 끼친다는 사실을 깨닫게 하는 방법이다.

자신의 실수를 직시하면 부끄럽고 괴롭다. 그러므로 본인이 지각하지 않았고 차분한 상태일 때 물어본다면 자기 일이라고 바로 깨닫고 앞으로는 주의해야겠다고 생각할 것이다.

⬡ 생각보다 행동이 앞서는 아이라면

생각하는 게 어려운 아이는 바꿔 말하면 즉흥적으로 행동한다고 할 수 있다. 그렇게 되지 않으려면 이렇게 하면 이렇게 되니 이렇게 해야 한다, 와 같은 행동의 순서를 정해 움직이고 한두 걸음 앞을 생각하는 연습이 효과적이다. 다음과 같은 문제를 예로 들어보자.

> "A는 학교에서 어떤 무리에 들어가고 싶다고 생각했다. 하지만, 리더인 B는 친구들 사이에 끼고 싶다면 가게에서 팔찌를 훔쳐 오라고 했다. 친구가 없는 A는 늘 혼자였기에 무슨 수를 써서라도 친구들 사이에 끼고 싶었다."

팔찌를 훔치든 훔치지 않든 각각에 장단점은 있다. 무척 고민되는 문제다. 책상에 앉아 고민해도 좋고, 평소에 선택이 불러올 결과를 생각할 수 있는 자리를 마련해도 좋다.

목적지까지 서둘러 가야 하는데 지하철이 멈췄다면 어떻게 할지, 친구와 싸웠다면 어떻게 화해하면 좋을지 등등 일상생활 속에는 다양한 생각의 교재가 있다. 그때, 부모가 나서서 답을 제시하고 아이가 이를 따른다면 부모도 아이도 일단은 안심할 수 있다. 다만 아이의 생각하는 힘을 빼앗을 가능성도 있으니 주의해야 한다.

⬡ 게임, SNS에서 도움을 받는 아이도 있다

매일 두 시간 이상 게임이나 유튜브를 즐기는 습관이 생긴 아이도 적지 않다. 보호자는 이러한 습관을 어떻게 막을 수 있을지 상담을 요청하기도 한다. 하지만 단순히 못 하게만 하는 것이 해결책이 될 수 있을지는 의문이다. 내가 어렸을 때만 해도 만화만 읽는다고 혼이 났지만, 대부분은 만화를 빼앗겨도 개의치 않았다. 다른 일을 하면 그만이었으니 말이다.

찬반이 갈릴 수도 있겠지만, 나는 애초에 스마트폰이나 게임이 나쁘다고 생각하지 않는다. 여기에 의존하지 않는 아이는 원래 자기 관리가 확실하다고 할 수 있다. 그래서 눈앞에 아무리 게임이 있다고 해도 금세 손을 뻗지는 않는다. 스마트폰이나 게임을 해도 자기 관리가 철저한 아이는 학업 능력이 높다는 보고도 있을 정도다.

한편, 게임에만 의존하는 아이는 게임을 빼앗아도 다른 일에 의존하는 경향을 보인다. 처음부터 자기 관리가 되느냐 되지 않느냐로 나뉘는 셈이다. 모두가 다 그런 것은 아니지만, 경계선 지능이나 지능 지수가 그 이하인 아이들은 자신의 행동을 스스로 통제하기 어려우므로 게임과 같은 것에 빠지기 쉬운 경향이 강하게 나타날지도 모른다.

아이의 의존성이 높은 원인이 게임 때문이라고 오해하기 쉽다. 하지만 원래 정신적으로 어떠한 문제가 있는 아이일수록 게임이나 SNS에서 도움을 받는다는 이야기도 있다. 즉, 게임이나 SNS는 오히려 아이의 정신 건강을 유지하는 하나의 도구일 수도 있다. 가령, 방에 틀어박혀 꼼짝하지 않는 아이가 스마트폰 등으로 다양한 사람들과 교류하기도 한다. 옆에서 보면 스마트폰만 하느라 방에 틀어박힌 것처럼 보이지만, 사실은 그 반대일 때도 있다.

정신적인 문제가 발생하는 이유는 각자의 집안 사정도 관련이 있으니 제대로 밝히기는 어렵지만, 한 가지는 확실하게 말할 수 있다. 그러한 아이로부터 스마트폰이나 게임을 빼앗는다고 해도 문제는 전혀 해결되지 않는다.

⬡ 자제력을 알아보는 마시멜로 실험

'마시멜로 실험'을 알고 있는가? 미국에서 오랜 기간에 거쳐 아이들의 자제심을 조사한 연구로, 교육 심리학에서는 상당히 유명하다. 아이들의 '만족 지연(delayed gratification)'을 알아본 실험으로, 미국의 심리학자인 월터 미셸(Walter Mischel)이 1972년에 실시했다.

평균 4~5세의 아이들을 대상으로 눈앞에 놓인 마시멜로를 먹지 않고 15분 동안 참으면 더 많은 마시멜로를 주겠다고 한다. 만일, 마시멜로를 먹으면 실험은 종료되고 마시멜로를 받을 수 없다. 실험 결과, 1/3에 해당하는 아이들은 참았지만 나머지 2/3은 눈앞에 놓인 마시멜로를 먹어버렸다.

16년이 지난 1988년에는 실험에 참가했던 아이들에 대한 추가 조사를 실시했고, 마시멜로를 먹지 않았던 아이들의 능력이 먹은 아이들보다 높다는 결과가 나왔다. 1990년의 조사에서도 마시멜로를 먹지 않은 아이들의 SAT 점수는 먹은 아이들보다 높았다.

나아가 21년 후인 2011년에는 중년이 된 참가 아동들의 뇌 기능을 검사했다. 마시멜로를 먹지 않은 아이들의 뇌는 계획, 사회 행동의 조절과 관련

있는 '전전두피질'이 마시멜로를 먹은 아이들보다 발달했고, 반대로 마시멜로를 먹은 아이들은 먹지 않은 아이들보다 쾌감과 만족도 등과 관련된 부분인 '복부 선조'의 활동이 활발하다는 사실이 밝혀졌다.

이 조사 결과를 통해 연구자들 사이에서는 마시멜로를 먹지 않은 아이들이 성적도 좋고 일을 더 잘하며 수입도 높을 것이라는 의견이 주류를 이뤘다. 4살쯤에 인내심을 갖추었느냐에 따라 인생이 바뀐다고까지 할 수 있는 것이다.

하지만 최근에는 부정적인 의견도 나오고 있다. 부모나 어른을 믿지 않는 아이들은 눈앞의 마시멜로를 먹는다는 지적이 그것이다. 부모와 어른의 거짓말에 여러 번 속았던 아이는 15분 동안 참아도 더 많은 마시멜로는 먹을 수 없다고 생각해 속지 않고 빨리 먹어 치울 수 있다. 부모에 대한 신뢰 여부가 아이들의 행동을 크게 좌우할 가능성이 있는 것이다. 따라서 마시멜로 실험에서는 교육 환경과 능력 모두 아이에게 영향을 끼친다는 절충안을 최신 결론으로 채택하고 있다.

이 실험을 통해 아이들에게 신뢰받는 부모가 되는 것이 얼마나 중요한지를 알 수 있다. 아이가 어릴 때부터 계속 신뢰를 쌓아야 하고, 아이와의 약속은 확실히 지켜야 한다. 극단적인 예일 수도 있지만, 화가 난 어른이 아이의 눈앞에서 한 번이라도 흉기를 손에 쥐었다면 아무리 진심이 아니었다고 해명해도 신뢰 관계를 회복하기란 매우 어렵다. 부모와의 신뢰 관계는 그렇게 금세 무너지지는 않지만, 아이들의 마음에는 자신을 해치려고 했다는 생각이 깊은 상처로 남는다.

아이를 낳아야만 부모의 심정을 이해할 수 있다는 말이 있다. 하지만, 사실 막상 부모가 되어도 잘 모르는 것 또한 사실이다.

매일 인사를 건네면 상대방도 호감을 느껴 말을 건네고 싶다는 생각이 들게 된다. 이처럼 인사 하나만으로도 인간관계는 크게 달라질 수 있다.

학교에서 지정해준 그룹으로 등교하는 아이들을 보고 있으면, 대부분 학교까지 데려다주는 보호자를 보고도 인사하지 않는다. 옛날 아이들은 어른을 만났을 때 먼저 인사를 건넸지만, 지금은 그렇지도 않다. 어른이 먼저 인사를 하지 않기에 아이들도 똑같이 따라 하는 게 아닐까 생각했는데, 상황은 그보다 더 심각했다. 어른이 먼저 인사해도 아이들이 인사하지 않는 것이다. 내가 어렸을 때는 상상도 하지 못했던 일이다.

다만, 인사하지 않는 아이들이 늘어나는 원인에는 도시에서 어른들끼리 인사를 나누지 않게 된 시대적 배경도 있다. 사람이 너무 많아졌고 심지어 마스크도 끼고 있다. 지나쳐도 누군지 알아보기 어려워 결과적으로 못 본 체하는 분위기로 이어지게 된다. 인사하기 어려운 환경이니 아이들을 탓할 수만도 없다. 하지만, 인사는 '나는 당신에게 관심이 있다'라는 사실을 밝히는 가장 자연스러운 행위이므로 어른들 또한 다 같이 열심히 인사해야 한다.

친구들과의 커뮤니케이션이 잘 되지 않고 친구를 잘 사귀지 못하는 것은 아이들의 큰 고민 중 하나다. 하지만, 인사나 감사의 말을 건네기만 해도 그 아이에 대한 인상이 크게 달라진다. 그러니 이를 연습해 익히기만 해도 친구가 생기지 않을까? 친구를 사귀고 싶다면, 우선 인사부터 건네도록 하자.

뛰어난 형제 때문에 열등감을 느끼거나 형제만 편애받는다는 생각에 콤플렉스를 느끼는 아이들도 있다. 쌍둥이 중 한쪽이 월등하게 우수하다면 다른 한쪽은 콤플렉스 때문에 괴로워할 것이다.

어느 것이 올바른 대처인지는 판단하기 힘들다. 하지만 여기서는 '너는 성적은 조금 떨어져도 성격이 좋으니까'와 같은 식으로 칭찬해서는 안 된다. 이러한 말은 오히려 콤플렉스를 부추길 수 있다. 부모 또한 '우리 아이가 공부는 잘 못해도 성격이 좋다'라고 자기 입맛대로 해석하는 일이 있는데, 어디까지나 부모의 생각일 뿐이다. 그러한 말을 듣고 기분 좋을 아이는 거의 없다.

공부를 잘 못한다면 역시 조금이라도 성적을 올릴 수 있도록 도와주는 일이 중요하다. 격려하거나 달래는 방법은 근본적인 해결책이 될 수 없다 (다만, 타고난 장애가 있어 성적이 좋지 않은 경우는 별개의 문제다). 하지만, 열등감은 어떻게 생각하느냐에 따라 좋은 경험이 될 수도 있다. 사회에는 나보다 뛰어난 사람들이 얼마든지 있다. 우등생인 형제도 사회에 나가면 반드시 한 번은 열등감을 맛보게 된다.

내가 고등학교 때 1등을 도맡아서 했던 친구가 있었다. 도쿄대학까지 한 번에 합격한 그는 입학 후에 난생처음으로 열등감을 느꼈다고 했다. 이 말을 듣고 그때까지 한 번도 열등감을 느껴본 일이 없었다는 사실이 흥미로웠던 기억이 난다. 이 일이 그의 인생에 어떤 영향을 미쳤는지는 알 수 없지만, 아무튼 누구나 빠르든 늦든 언젠가는 열등감을 맛보게 된다. 그렇다면 안심할 수 있는 부모의 곁에서 조금이라도 빨리 이러한 경험을 해보는 일이 좋을 수도 있다. 어릴 때 열등감을 받아들이는 법을 배울 수 있을지도 모르니 말이다.

다만, 여기에는 '안심'이 대전제다. 공부를 못했으니 밥을 굶으라는 식의 벌을 주어서는 안 된다. 이는 학대에 불과하다.

⬡ 아이가 의기소침해한다면

최근 젊은층의 자살이 늘어나고 있다는 보도가 있다. 이와 관련해 교육 자이자 일명 '밤의 선생님'이라 불리는 미즈타니 오사무의 강연회에서 들었던 감명 깊은 이야기를 소개하고자 한다.

제2차 세계대전 중 오키나와 전투 때 방공호에 있던 주민들은 차례로 목숨을 잃었다. 이때 어른들이 제일 먼저 목숨을 던져 아이들을 지키고자 했다. 어른들이 쓰러지자 이번에는 아이들이 자기보다 어린 아이들을 지키기 위해 앞을 가로막았다고 한다. 이 아이들이 쓰러진 다음에는 그보다 더 어린 아이들이 갓난아이들의 방패막이 되었다. 생명이란 이처럼 누군가의 희생을 바탕으로 이어져 왔다. 그러므로 어떡해서든 살아가야 한다는 이야기가 내 가슴에 와닿았다. 목숨을 끊으려는 아이가 이 이야기를 듣고 마음을 돌렸다고도 한다.

이유를 막론하고 세상에 필요 없는 사람은 없다. 우리는 모두 누군가의 생명을 이어받은 존재다. 자신을 쓸모없는 사람이라고 생각하는 아이가 있다면 생명의 소중함을 일깨우는 에피소드를 들려줘 보자.

◇ 직접 도움을 청하지 않는다

제2장에서 이야기한 특징을 가진 아이들은 열심히 하려고 해도 하지 못한다. 지원자들은 이들이 말을 해야지만 도와줄 수 있는데 열심히 하지 못하는 아이들은 이러한 알기 쉬운 신호조차 보내는 일이 거의 없다. 오히려 지원자를 적대시하거나 내버려 두라는 듯 무뚝뚝하게 대하는 등 반대 신호를 보내는 일이 많다. 아이들의 이러한 '반대 신호'에 휘둘리지 않고 그들의 괴로운 처지를 파악하는 일은 매우 어렵다.

또한, 지원자의 손길이 아이들에게 도움이 되지 않을 수도 있다. 지원이 필요한 아이를 전기자동차, 부모와 지원자를 충전소에 비유해보도록 하자. 전기자동차(아이)는 전기가 바닥이 나면 충전을 하러 지원자의 곁으로 온다. 이때 100% 충전을 시켜주면 좋겠지만 때와 상황에 따라서는 충전을 할 수 없거나(벌을 준다) 매번 충전하는 장소가 달라진다거나(인정해 주는 포인트가 달라진다) 맞지 않는 전압으로 충전하는 등(지원을 강요한다) 제대로 충전해주지 못할 수도 있다. 지원자는 적절한 충전소가 되어줄 마음이었겠지만, 아이들에게는 전혀 도움이 되지 않을 때도 있는 것이다.

◇ 부모에게 폭언을 내뱉는다면

아이의 심한 말에 평정심을 유지할 수 있는 부모는 거의 없다. 분을 못 이기고 소리를 지르거나 무시하거나, 방치하는 등 부모도 다양한 반응을 보인다. 하지만, 폭언을 멈추게 하기 어려운 것 또한 사실이다. 정답이 있었다면 이처럼 어느 시대에서든 생기는 고민이 되지 않았을 것이다. 바람직한 접근법은 없다. 그러니 아이의 폭언을 어떻게 이해하면 좋을지 생각하고자 한다.

폭언의 원인은 다음의 세 가지로 분류할 수 있다.

· 폭언을 배웠다. → 부모의 폭언을 따라 한다.
· 폭언하니 좋은 일이 생겼다. → 부모가 내 말을 들어 주었다.
· 학교와 집에서 스트레스를 느낀다. → 폭언으로 스트레스를 해소한다.

누구나 한 번쯤은 부모에게 심한 말을 한 적이 있을 것이다. 그때 기분을 떠올리며 나는 위의 원인 중 어디에 해당하는지 생각해보자. 아마도 세 번째인 학교와 집에서 느낀 스트레스가 원인일 때가 가장 많지 않을까? 나 또한 기억을 더듬어보면, 계속 공부하라고 잔소리를 하는 아버지에게 딱 한 번 반사적으로 "시끄러워!" 하고 고함을 친 적이 있다. 하지만 그때뿐이었다. 아마도 내 말을 듣고 아무 말도 하지 않았던 아버지의 표정이 무척 슬퍼 보였기 때문이라고 생각한다. 폭언을 내뱉는 자녀도 분명 나중에는 후회한다. 그리고 어른이 되어서야 비로소 그때 부모의 심정을 이해하게 된다.

아이의 폭언에 당황하며 억지로 금지시키는 것보다는 아이가 성장하는 하나의 과정이라고 생각을 전환해보는 것도 좋은 방법이다.

◈ 아이가 변하면 지원자도 변한다

　온갖 수단을 동원해 아이의 비행을 막으려는 부모는 결국 지치고 만다. 심지어 결국 아이가 소년원에 들어가게 되면 대부분의 부모는 절망에 휩싸인다. 아이와의 신뢰 관계가 완전히 무너져 면회를 가도 뭐하러 왔냐는 욕을 들을지도 모른다고 생각한다. 부모는 더이상 할 수 있는 일이 없다는 무력감에 사로잡히고 만다.

　하지만 막상 아이를 만나러 간 부모는 깜짝 놀란다. 아이가 오늘 면회를 와 주어 고맙다고 정중하게 인사를 하기 때문이다. 어떻게 아이가 변할 수 있었을까? 소년원에서 인사와 대인 예절 등을 철저하게 교육하기 때문이다. 180도 바뀐 자녀를 보고 부모는 본인들도 아직 늦지 않았다는 희망을 다시 품는다. 한 번 더 힘을 내보자는 생각을 하게 된다.

　나는 소년원에서 아이의 변화에 부모도 바뀌는 모습을 몇 번이고 목격했다. 자신에게도 아직 할 수 있는 일이 남아 있다며 마음을 고쳐먹고 절망의 늪에서 빠져나온다. 다만 이는 상당히 절박한 부모의 경우다. 아직 여유가 있는 부모가 그렇게까지 바뀔지는 알 수 없다. 하지만 아이에게서 가능성을 엿보거나 자신의 역할을 깨닫는다면 부모나 지원자 또한 바뀔 수 있다. 그야말로 아이가 바뀌면 부모가 바뀌는 셈이다.

◈ 지속 가능한 교육으로

　마지막으로는 내가 생각하는 교육의 방향성을 이야기하고자 한다.

아시아의 개발도상국에서 25년 넘게 무료 의료 활동을 펼치고 있는 NGO 단체인 재팬 하트[17] 소속의 소아과 의사 요시오카 히데토가 NHK의 〈마지막 강의〉에서 한 말에 큰 깨달음을 얻었다.

요시오카 씨가 개발도상국의 의료 시설이 부족한 병원에서 아침부터 늦은 밤까지 환자를 돌본다는 이야기를 하자, 강연장에 있던 젊은이가 '그렇게 힘든 일을 계속할 수 있는 팁을 알려주었으면 좋겠다'라는 취지의 질문을 했다. 그러자 요시오카 씨는 그저 좋아하니까 계속 할 뿐이라고 대답했다.

이 이야기를 듣고 교육도 마찬가지라고 생각했다. '아이를 가르치는 일을 좋아한다.' 교사를 포함한 지원자 모두에게 이보다 더한 교육의 방향성은 없다고 생각했다. 그 유명한 야구선수 이치로도 이렇게 말했다. "노력하는 자는 즐기는 자를 이길 수 없다."

다른 이야기이지만 '선생님은 아이들의 인지 기능을 높이는 역할만으로 사회에 공헌하고 있다. 그 헌신적인 활동에 머리가 절로 숙여진다'라고 말해주는 사람도 있다. 하지만 그런 말을 들을 때마다 늘 아니라고 생각한다. 나는 자신을 희생해서 노력하고 있지 않다. 오히려 그 반대다. 내가 좋아하니까, 가슴이 뛰니까 하는 것뿐이다.

아이들이 할 수 있게 되었다며 기뻐하는 모습을 보면 같이 기쁘고, 나 또한 행복해진다. 다들 '사회를 위해서'라고 하지만 본심은 재미있으니 활동하고 있다고 생각한다. 내 행복을 위해 열심히 한 활동이 결과적으로 누군가에게 도움을 주고 누군가를 기쁘게 한다. 그것이 가장 큰 행복이라고 생각한다.

---

17 JAPAN HEART (https://www.japanheart.org/en/)

해외의 한 NGO 단체는 요시오카 씨에게 줄곧 지속 가능 발전 목표(SDGs)적인 관점에서 봤을 때 혼자가 아닌 후임자로 이어질 수 있는 활동에 참여하라고 권유했다고 한다. 하지만, 요시오카 씨는 이를 거절했다. 그 NGO 단체에 참가하지 않은 채 그대로 자신의 활동을 이어나갔다고 하는데 결과적으로는 많은 이들의 도움을 받아 활동을 계속할 수 있었다고 한다.

요시오카 씨의 이야기 중에서도 나는 치료를 받은 아이들이 성인이 되어 이번에는 자신들이 다른 이들을 돕고 싶다고 이야기했다는 부분이 특히 인상 깊었다. 이것이야말로 진정한 의미의 지속 가능 발전 목표가 아닐까? 가령, 인지 훈련을 받은 아이들이 훗날 어른이 되어 이 훈련으로부터 받은 도움을 '어려움을 겪고 있는 다른 아이들'에게도 돌려주고 싶다고 생각한다면, 그러한 노력이야말로 진정한 의미의 지속 가능한 교육이라고 생각한다.

이 장에서 이야기한 것처럼, 인지 훈련은 서서히 교육 현장에 침투하고 있다. 나 또한 장래적으로 봤을 때 인지 훈련을 지도할 수 있는 인재를 육성해야겠다고 생각해 학회 활동 중에 연수회를 개최하고 있다.

하지만, 요시오카 씨의 이야기를 계기로 생각이 조금 바뀌었다. 지도자의 육성은 물론 중요하다. 하지만 지금은 눈앞의 아이들을 훈련하는 데 매진해야 할 때가 아닐까. 그러면 10년 후, 혹은 20년 후에는 인지 훈련을 받은 아이들이 성장해 누군가를 가르치는 입장이 되어 자신들이 했던 훈련을 자연스럽게 다음 세대의 아이들에게 전해줄 것이다.

인지 훈련을 받아야지만 알 수 있는 것도 있다. 자신들의 경험도 살려 다음 세대에 인지 훈련을 가르친다면 더할 나위 없을 것이다. 그렇게 생각하자 인지 훈련에 관련된 지도자들이 조금 더 홀가분한 마음으로 즐겁게 아이들을 대하면 좋겠다고 느끼게 되었다.

　이는 비단 인지 훈련뿐이 아니다. 선생님이 신념을 가지고 하는 일에 감명받은 아이들이 훗날 다음 세대를 위해 그 일을 이어받는다. 그것이 교육의 이상적인 모습이라고 생각한다.

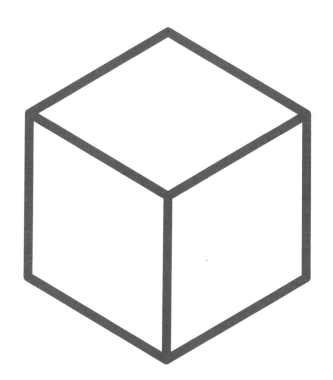

MEMO

MEMO

'RIPPOTAI GA KAKENAI KO' NO GAKURYOKU WO NOBASU

Copyright © 2022 by Koji MIYAGUCHI
All rights reserved.
First original Japanese edition published by PHP Institute, Inc., Japan.
Korean translation copyright © 2024 by Korean Studies Information Co., Ltd.
Korean translation rights arranged with PHP Institute, Inc. through Japan Uni Agency, Inc., Tokyo.

이 책의 한국어판 저작권은 저작권자와 독점계약한 한국학술정보(주)에 있습니다.
저작권법에 의하여 한국 내에서 보호를 받는 저작물이므로 무단전재 및 복제를 금합니다.

정육면체를 그리지 못하는 아이들

초판인쇄 2024년 07월 19일
초판발행 2024년 07월 19일

지은이 미야구치 코지
옮긴이 일본콘텐츠전문번역팀
발행인 채종준

출판총괄 박능원
국제업무 채보라
책임번역 문서영
책임편집 유나
디자인 홍은표
마케팅 전예리 · 조희진 · 안영은
전자책 정담자리

브랜드 이담북스
주소 경기도 파주시 회동길 230 (문발동)
투고문의 ksibook13@kstudy.com

발행처 한국학술정보(주)
출판신고 2003년 9월 25일 제406-2003-000012호
인쇄 북토리

ISBN 979-11-7217-369-2 13370

이담북스는 한국학술정보(주)의 학술/학습도서 출판 브랜드입니다.
이 시대 꼭 필요한 것만 담아 독자와 함께 공유한다는 의미를 나타냈습니다.
다양한 분야 전문가의 지식과 경험을 고스란히 전해 배움의 즐거움을 선물하는 책을 만들고자 합니다.